UM DESPERTAR PLANETÁRIO

KATHY NEWBURN

UM DESPERTAR PLANETÁRIO

REFLEXÕES SOBRE OS ENSINAMENTOS
DO MESTRE TIBETANO
NAS OBRAS DE ALICE A. BAILEY

Tradução:
MARCELLO BORGES

Editora
Pensamento
SÃO PAULO

Título do original: *A Planetary Awakening*.

Copyright © 2007 Kathy Newburn.

Todos os direitos reservados. Nenhuma parte desta obra pode ser reproduzida ou usada de qualquer forma ou por qualquer meio, eletrônico ou mecânico, inclusive fotocópias, gravações ou sistema de armazenamento em banco de dados, sem permissão por escrito, exceto nos casos de trechos curtos citados em resenhas críticas ou artigos de revistas.

A Editora Pensamento-Cultrix Ltda. não se responsabiliza por eventuais mudanças ocorridas nos endereços convencionais ou eletrônicos citados neste livro.

Coordenação editorial: Denise de C. Rocha Delela e Roseli de S. Ferraz

Preparação de originais: Roseli de S. Ferraz

Revisão: Maria Aparecida Salmeron

Dados Internacionais de Catalogação na Publicação (CIP)
(Câmara Brasileira do Livro, SP, Brasil)

Newburn, Kathy
    Um despertar planetário: reflexões sobre os ensinamentos do mestre Tibetano nas obras de Alice A. Bailey / Kathy Newburn ; tradução Marcello Borges. -- São Paulo : Pensamento, 2011.

    Título original: A planetary awakening
    ISBN 978-85-315-1715-0

    1. Djwal, Alice, 1880-1949 2. Espiritualidade - Miscelânea 3. Ocultismo 4. Vida espiritual - Miscelânea I. Título.

11-00798
    CDD-299.93

Índices para catálogo sistemático:
1. Espiritualidade : Religiões de natureza universal   299.93

O primeiro número à esquerda indica a edição, ou reedição, desta obra. A primeira dezena à direita indica o ano em que esta edição, ou reedição, foi publicada.

Edição	Ano
1-2-3-4-5-6-7-8-9-10-11	11-12-13-14-15-16-17

Direitos de tradução para o Brasil
adquiridos com exclusividade pela
EDITORA PENSAMENTO-CULTRIX LTDA.
Rua Dr. Mário Vicente, 368 — 04270-000 — São Paulo, SP
Fone: 2066-9000 — Fax: 2066-9008
E-mail: pensamento@cultrix.com.br
http://www.pensamento-cultrix.com.br
que se reserva a propriedade literária desta tradução.
Foi feito o depósito legal.

para uma nova geração de buscadores

Sinais da alma aparecem silenciosamente
quando o sol banha um mundo que desperta.

Provérbio tibetano

SUMÁRIO

Prefácio 9
Introdução 13
1. Uma época de transição 19
    A Era de Aquário   19
    A Terra: Um organismo vivo   23
    Shamballa   24
    Humanidade: Os precursores   26
    Os avatares emergentes   27
    Polaridade masculina e feminina   33
2. Breve perspectiva histórica 37
    A fundação da hierarquia na Terra   37
    Mensageiros da luz   40
3. Vida após vida 52
    A lei do renascimento   52
    Morte: A grande libertação   58
4. As energias dos sete raios 67
    Definição dos raios   67
    Os tipos dos sete raios   72
5. A ilusão e os sete raios 82
    A condição planetária da ilusão   82
    Tipos de ilusão   86

6. A transferência da energia dos raios 94

Os raios e o mundo 94

7. Dinheiro: O xis da questão 99

Rumo a um mundo sustentável 100
Dinheiro para o trabalho espiritual 103

8. Rumo a uma nova forma de relacionamento 107

9. Buscando o caminho 115

O caminho da meditação 115
Manifestando a visão: O caminho do serviço 123
A grande invocação 127

10. Meditação na lua cheia 133

Uma porta aberta 133
O festival de Wesak e o festival de Cristo 133

11. Desafios do caminho 147

12. Discriminação e libertação 154

13. Iniciação 164

Pensamentos introdutórios 164
As cinco iniciações 165

14. Iniciação em grupo 171

15. O movimento para fora 179

O aparecimento dos mestres 179
O retorno do mestre do mundo 182
A liberação da energia do amor 185

Apêndice 191

Práticas espirituais 191

Notas 205

Leituras sugeridas 211

PREFÁCIO

Se tivéssemos de resumir, numa única palavra, a essência dentro de todo o conjunto de ensinamentos através das eras, invocado pela maior das necessidades humanas, essa seria a Percepção. Todo o refinamento da nossa carreira terrestre, destilada a partir da educação e da experiência, deriva da necessidade de elevar a qualidade, e de continuar a expandir o campo de nossa percepção autoconsciente. Não há parte alguma do nosso ser que possa ser excluída de participar daquilo que se destina a dar, a essa coroa de nossas atividades, sua própria forma e definição.

Aquilo que de fato percebemos, quando procuramos analisar e compreender o sentido deste nosso mundo, está intimamente ligado àquilo que trazemos a este mundo. Com efeito, o que vemos é determinado pelo modo como o fazemos. Nem é preciso dizer que isso condiciona inevitavelmente a natureza de nossas reações, o que, por sua vez, influencia muito, ou determina, a qualidade de nossa vida. As notas que assinalam o progresso alcançado na escala evolucionária da nossa percepção constituem-se não apenas nas vigas de sustentação da nossa realização, como os elementos de significado na interpretação da nossa realidade. O que está dentro é como o que está fora.

Como somos bem mais conscientes das nossas necessidades individuais do que dos muitos gritos que nos cercam, não temos muita noção do fato de que o mundo maior de que fazemos parte também é uma parte de nós. Será que estamos conscientes do fato de que aquilo que nos mantém e nos sustenta também precisa de nós? Como pertencemos um ao outro, as necessidades de um estão inseparavelmente fundidas com as necessidades do outro.

Eis um tema que nos lembra de que devemos sempre almejar uma consciência progressivamente mais elevada: levar-nos a uma visão madura, capaz de nos erguer acima da pequenez do self para conseguirmos ver os outros sob uma óptica mais clara. De nos afastar dos julgamentos extremados, rumo ao centro de equilíbrio e compaixão, onde nossos antigos valores se transformam, para se adequarem e misturarem com nossas motivações mais elevadas e prioritárias. Só depois da nossa própria transformação interior é que conseguiremos nos tornar uma parte viva e integral do esforço universal maior, almejando tornar nosso planeta um lugar melhor, mais seguro e mais iluminado.

Um Despertar Planetário foi escrito como uma contribuição para essa tarefa, e é apresentado como um trabalho de amor, tanto para os caminhantes já estabelecidos como para a nova geração de buscadores.

Os efeitos de uma nova era vindoura, com suas grandes e vigorosas energias, já se fazem sentir em nossas vidas, e continuam a produzir mudanças importantes, mas esses eventos de nenhum modo diminuem a soberania do nosso livre-arbítrio, nem fazem nada para nos aliviar do fardo de nossas responsabilidades. Para fazer de fato progressos no caminho da vida, tanto no sentido mundano como no espiritual, somos solicitados, pela Lei que governa a Vida, a fazer escolhas relevantes, inteligentes e responsáveis, não apenas em parte do tempo ou quando temos vontade, mas sempre. Com todo esforço de que somos capazes, devemos nos prontificar a oferecer o que temos de melhor e disponibilizá-lo para a elevação de toda a humanidade e do planeta em nome de um amanhã mais luminoso para todos. A infatigável aspiração rumo ao melhor e ao mais elevado, tanto em nosso interior como no caminho da nossa meta comum, é o cordão vivo de luz que nos une não só uns aos outros como ao nosso centro superior, onde nossa unidade é bem mais real do que a aparência da nossa separação temporária.

Quando seus discípulos lhe pediram para explicar melhor os Vedas, um grande mestre indiano respondeu: "Vocês perceberão a importância dos quatro livros nestas cinco palavras: Seja bom, faça o bem".

Nenhum dos ensinamentos dos textos mais importantes do mundo destina-se a fazer com que seus estudantes se afastem do plano prático da vida, e sim a trazê-los de volta. Uma vida inspirada pelo espírito é o exemplo vivo da verdade das escrituras, que não perde uma só oportunidade de servir à cura, à elevação e à iluminação. Ela não perde a oportunidade de confortar e de estimular todos que podem ter ficado para trás na estrada, sob o peso de seus fardos mais pesados. Uma vida inspirada pelos ensinamentos também irá nos lembrar de que, apesar das dificuldades, é uma alegria repartir a condição humana se buscamos compreender que só ao fogo de nossas provações é que nossas fraquezas são calcinadas. Ao nos unirmos em serviço e crescermos juntos na consciência, nossa unidade no propósito maior do Plano Divino vai se revelar.

Joseph Balint
Nova York

INTRODUÇÃO

Fé é a ave que pressente a luz e canta quando a aurora ainda está escura.

Rabindranath Tagore

Por trás de toda agressividade e sofrimento de nosso mundo, existe um anseio silencioso no coração humano que serve de semente para as mudanças profundas que estão no horizonte. À nossa volta e em nós, num nível fundamental, alguma coisa bem mais profunda do que tudo que já conhecemos ou experimentamos tenta vir à luz. Quando começamos a acordar para aquilo que está acontecendo, nosso rumo se altera e nos vemos dentro de um novo caminho, um novo modo de ser. Começamos a receber nossas pistas de uma bússola interior, e não mais das muitas vozes estridentes que normalmente procuram nos empurrar numa miríade de direções. Movemo-nos em concerto com aquela voz suave que penetra nossa consciência em momentos inusitados – deixando impressões, indicações fugazes, de uma majestade que não conseguimos captar plenamente, muito menos compreender.

Às vezes, em função de sua própria fragilidade, essa voz não consegue penetrar na aspereza de nossas vidas cotidianas. Volta e meia, as coisas externas, com seu imediatismo e seus prazeres fugazes, chamam nossa atenção de maneiras que nos deixam enclausurados em nossas muralhas e sob os véus deste mundo – esquecendo-nos do nosso verdadeiro "mestre". Uma chamada não atendida, uma batida ignorada, faz com que as portas da percepção se fechem, pelo menos por algum tempo. Assim, para percorrermos esse caminho, devemos prestar atenção e despertar para as oportunidades que procuram se revelar.

Tudo aquilo que vemos de belo neste nosso mundo – as pessoas e o amor que podemos repartir, as sutilezas da natureza, a delicadeza das artes e o poder da música – são pálidas diante da beleza em nosso interior. Hoje, muitas pessoas entendem isso e estão cultivando e alimentando um profundo poço silencioso em seu interior, um poço que as sustenta em meio à fragmentação da superfície. Esses momentos, os interlúdios, proporcionam as sementes que irão frutificar em outra época, mais amena. Estamos assentando as bases agora, tanto em nosso íntimo como no mundo em geral, para que floresça uma consciência e um espírito que serão maiores, mais vastos e mais nobres do que qualquer coisa que tenhamos visto antes.

*****

Boa parte do material deste livro foi adaptada dos trabalhos de Alice Bailey. Sua obra compreende 24 volumes, dezenove dos quais escritos em colaboração com Djwhal Khul, um mestre tibetano, entre os anos de 1919 e 1949. Ela serviu de instrumento de escrita pelo qual as ideias "do Tibetano" foram filtradas e postas na forma de texto. E embora não tenha havido contato físico entre eles durante essa parceria de trinta anos, suas mentes foram ficando cada vez mais sintonizadas uma com a outra graças ao trabalho que realizaram.

Como boa parte das informações contidas nos livros de Bailey não pode ser comprovada, a determinação de sua verdade ou falsidade cabe ao leitor. Como escreveu o Tibetano a respeito de si mesmo e de sua obra,

Basta dizer que sou o discípulo tibetano de certo grau, e isto lhe diz pouco, pois todos são discípulos, desde o mais humilde aspirante, chegando até o próprio Cristo. Vivo num corpo físico como outras pessoas, na fronteira do Tibete, e às vezes (do ponto de vista exotérico), comando um grande grupo de lamas tibetanos, quando meus deveres o permitem...

Sou um de seus irmãos que percorreu uma distância um pouco maior do Caminho que os estudantes normais, e por isso acumulei grandes responsabilidades. Sou aquele que lutou e se esforçou no caminho para colher um pouco mais de luz do que o aspirante que lerá este artigo, e portanto devo agir como um transmissor da luz, não importa o preço que deva pagar.

Os livros que escrevi são lançados sem qualquer apelo por sua aceitação. Podem ou não estar corretos, ser úteis ou verídicos. Cabe a vocês discernir sua verdade mediante a prática correta e o exercício da intuição.[2]

O Tibetano e Alice Bailey compreenderam muito bem que a ideia contida nesses ensinamentos era apenas uma parte de uma revelação da verdade espiritual em contínuo desenvolvimento. Eles pediram a seus leitores que levassem isso sempre em conta, para que a obra não se cristalizasse, convertendo-se em mais um culto sectário e dogmático. Alice Bailey afirmava sempre que o ensinamento que ela estava ajudando a produzir continha apenas o ABC do conhecimento do Tibetano, e que ela o abandonaria de bom grado no futuro caso encontrasse uma manifestação mais profunda da verdade.

O Tibetano tinha muitas responsabilidades diferentes, inclusive a de ser um alto lama. Ele faz parte de um grupo invisível de seres iluminados de compaixão e sabedoria que trabalha por trás das cenas para guiar e proteger a humanidade. Eles foram conhecidos por diversos nomes nas diferentes tradições espirituais do planeta, inclusive a Fraternidade Branca, a Hierarquia Espiritual, a Sociedade de Mentes Organizadas e os Mestres de Sabedoria. Dizem que o Tibetano é um dos mais eruditos dentre esses mestres, e parte de sua responsabilidade consiste em manifestar essa sabedoria sempre que encontra uma resposta.

As ideias e conceitos que compreendem os livros de Bailey, portanto, emanam de um nível de consciência que transcende o dos indivíduos comuns. O ensinamento faz parte de um corpo de trabalho que passou a ser conhecido como Sabedoria Perene, princípios antigos que foram transmitidos através das eras e mantidos vivos em forma oral, escrita e simbólica. Embora esse ensinamento seja antigo, possui uma natureza e uma profundidade que atendem às necessidades de cada nova geração de buscadores.

A maior parte deste livro procura apresentar uma pequena fração desse material, especificamente aquela relacionada com as crises e oportunidades que ora se apresentam em nosso planeta. O valor desse ensinamento está no fato de que ele nos ajuda a compreender os fatores subjetivos por trás desses eventos externos, além de proporcionar um método sistemático de treinamento espiritual que é seguro e resistiu ao teste do tempo. Esta é uma consideração importante, pois são essenciais as salvaguardas no caminho do desenvolvimento espiritual quando entramos em contato com energias ígneas, que podem provocar o caos em nossa vida se não tomarmos precauções. São necessárias cautela e discriminação no atual cenário espiritual.

Talvez este livro seja mais bem descrito como uma reflexão sobre os textos originais, à luz das atuais mudanças nas condições do mundo. Ele inclui a essência da minha compreensão, algo que evoluiu ao longo de muitos anos de estudos e de experiência de vida. Espero que a inclusão de minhas posições pessoais não distorça os pontos fundamentais dos ensinamentos da Sabedoria Perene que as inspiraram. Tentei apresentar essas ideias num estilo e numa linguagem que podem atender às necessidades de uma nova geração que pode, por sua vez, levar essa mensagem ao mundo. Talvez um dos motivos pelos quais os jovens não tenham demonstrado muito interesse nos ensinamentos da Sabedoria Perene seja o fato de não termos compreendido a importância de adaptar nossa mensagem a um formato que eles considerem atraente. Este livro apenas toca a superfície de ideias contidas nos ensinamentos originais, e espero sinceramente que o leitor se entusiasme e procure estudá-los. Tentei, sempre que possível, dar a referência do texto original e quaisquer omissões de minha parte não são, de modo algum, uma tentativa de dizer que tal ou qual ensinamento é meu.

Esse ensinamento contém ideias que muitas pessoas consideram além do reino das possibilidades, e vão rejeitá-las de imediato. Outras vão questionar o motivo pelo qual estudamos coisas que não podemos provar. Mas também haverá outras cujos corações e mentes procuram compreender melhor aquilo que está acontecendo no mundo atual. Este livro é para elas.

CAPÍTULO 1

UMA ÉPOCA DE TRANSIÇÃO

> Nunca houve, na história do nosso planeta, um período no qual a oportunidade mostrou-se tão grande, ou no qual tanta luz e força espirituais poderiam ser contatados e utilizados pela humanidade.
>
> Alice Bailey, *Discipleship in the New Age, Vol. II*

A ERA DE AQUÁRIO

Um post recente numa sala de bate-papo online com o físico Stephen Hawking perguntava: "Num mundo onde o caos afeta a política, a sociedade e o ambiente, como a raça humana poderá sobreviver aos próximos cem anos?" Em questão de dias, foram postadas 25 mil respostas – provocando uma tempestade na internet – sugerindo toda sorte de proposta para resolver nossos problemas planetários. Algumas pessoas (inclusive o próprio Hawking) sugeriram que nos mudássemos para outro planeta, enquanto outras apelaram para Deus ou para a tecnologia como forma de salvação. Algumas questionaram se houve mesmo uma época na qual o mundo não esteve sob o caos político, social e ambiental. A resposta favorita de Hawking veio do "Cientista Meio Louco", que escreveu, "Sem a crença de que vamos continuar a crescer e a superar a dor do caos social enquanto amadurecemos como espécie, talvez nem tenhamos fé. Não estou falando de religião [...] apenas na [...] crença de que sobreviveremos, assim como o sol irá nascer no dia seguinte".

Ao testemunharmos os eventos que se desenrolam em nosso planeta, descobrimos que o futuro está em jogo. É uma época de crise e mudança, quando tudo aflora à superfície e o resultado é, ao mesmo tempo, assustador e fantástico. De acordo com os ensinamentos da Sabedoria Perene, está sendo montado o cenário para passarmos ao período mais importante em toda a história da vida sobre a Terra. O que está acontecendo é, na verdade, uma revolução espiritual mais ampla do que qualquer ideologia ou movimento religioso. Não é alimentada por dogmas, mas por mudanças profundas que estão acontecendo na própria estrutura da consciência. Mas, como ocorre em toda revolução, esta nasce da dor, da angústia e da destruição desta época – pois são as dores do parto de um novo mundo.

A morte dos modos antigos e ultrapassados de ser e de viver sempre antecedem o surgimento de algo novo. Em algum nível, as pessoas compreendem e sentem que estamos iniciando o período que há muito foi previsto nas Escrituras e textos proféticos do mundo, em que grandes e momentosos eventos devem acontecer e mistérios ocultos serão revelados. Mas a humanidade ignorou repetidas oportunidades de aprender as lições do passado, e sucumbiu ao egoísmo e ao materialismo, o que causou atrasos nesse processo. Não demos atenção aos avisos dos cientistas, futurólogos, historiadores, economistas e líderes espirituais que têm tentado provocar uma mudança de rota. Por isso, é provável que a crise atual só venha a aumentar nos próximos anos, mas o mesmo irá acontecer com a luz do novo dia, agora tão próxima. Os ensinamentos da Sabedoria Perene proporcionam-nos informações e ferramentas espirituais que podem nos ajudar a ficar firmes em meio às dificuldades, ajudando nossa força espiritual a enfrentar a situação.

Qualquer um que esteja familiarizado com a cultura popular da década de 1960 deve ter ouvido falar no início da Era de Aquário. No entanto, esse conceito não era uma simples inspiração para uma boa música pop ou para a invenção dos *hippies* – ele reflete um processo real, um evento astronômico que está acontecendo há vários séculos. A cada 2 mil ou 2.500 anos, a energia que condiciona nosso planeta muda quando o Sol entra numa nova constelação ou influência zodiacal. Esse movimento rumo a uma nova era pode ser confirmado astronomicamente, bem como astrologicamente. Neste momento, estamos saindo da Era de Peixes e entrando na Era de Aquário.[3]

Em épocas como esta, há sempre um período de várias centenas de anos no qual as energias da constelação anterior ou precedente se sobrepõem e se mesclam com as novas e próximas influências, e nenhuma delas predomina totalmente. Geralmente, é uma época confusa, nebulosa, pois tanto os elementos progressistas quanto conservadores da sociedade procuram dominar. Modos antiquados e superados de viver e de ser que podiam ser adequados para a era e para a geração anteriores precisam ser afastados, pois não atendem mais às necessidades da humanidade e conflitam com a nova era e geração que estão surgindo.

A Era de Peixes viu a humanidade desenvolver muitas qualidades positivas, que foram demonstradas de maneira mais evidente em sua grande sensibilidade e no profundo anseio pela verdade espiritual, manifestada por meio das religiões do mundo e no campo da educação e estudos superiores. Coletivamente, fizemos grandes progressos no âmbito da compreensão do mundo natural, graças especialmente às descobertas da ciência que tanto ajudaram a melhorar a qualidade de nossa vida e a expandir nossa consciência. O foco da Era de Peixes estava na obediência à autoridade exterior e na devoção e reverência a Deus.[4]

Sob a influência das energias de Aquário, o foco sai da religião e se concentra numa espiritualidade de bases mais amplas, bem como no reconhecimento da autoridade da alma, o mestre interior. Quando essas energias se tornarem cada vez mais intensas, as barreiras e o isolamento que caracterizam tão bem a vida contemporânea ruirão. A fraternidade será a marca essencial dessa era – fraternidade que é a expressão exterior da interconexão essencial entre todas as formas de vida.

Aquário é o defensor da liberdade, e estamos começando a ver hoje o despertar dessa influência no mundo todo, pois grandes grupos de pessoas, antes oprimidas ou impotentes, estão encontrando voz, possivelmente pela primeira vez. Cada década que passa faz com que essa influência seja sentida com mais intensidade. Isso causa a mudança da base de poder do planeta, pois as pessoas vão percebendo que podem realizar mudanças. Nas últimas décadas, permitimos que indivíduos de mentalidade retrógrada estabelecessem o ritmo da nossa civilização, com as consequências que testemunhamos hoje em todos os cantos. Parte do atual ímpeto reside na tentativa de irmos além de medidas improvisadas e tentativas míopes de remendar formas que já perderam sua utilidade, reexaminando todas as premissas por trás de nossas instituições e do nosso próprio modo de vida.

Este reexame deve incluir também nossa vida interior, pois passaremos a compreender que nossa prática espiritual tem um propósito maior, universal, que vai além do nosso desenvolvimento pessoal. A impressão espiritual foi interrompida em nosso planeta, criando interferência com o divino fluxo circulatório de energia. Cabe a todos os buscadores restaurar esse fluxo e deter essa interferência.[5]

O dia da oportunidade está diante de nós, mas não vai durar para sempre. Portanto, é hora das pessoas com ampla visão humanitária, que sentem a importância desta época, assumirem as rédeas do planeta, assegurando com isso justiça e bem-estar para todos. Só com a participação humana, num espírito de cooperação e de boa vontade, é que poderemos trazer à luz esse novo mundo. Desse modo, as pessoas de visão avançada passarão de um grupo disperso e com poucos vínculos a um organismo vivo e poderoso – um organismo pelo qual podem fluir poderosas energias espirituais, levando luzes para toda a humanidade e até mesmo para todas as formas vivas.

Os sufis dizem que quando você começa a levar a sério sua vida espiritual, você dá polimento no espelho do coração. Quando esse polimento acontece ao mesmo tempo para várias pessoas – através de fronteiras nacionais, geracionais, raciais e étnicas – obtém-se a semente de um despertar que nos une no nível fundamental do espírito, e desafia a separação e o egoísmo da época. Isto está acontecendo agora.

A TERRA: UM ORGANISMO VIVO

Tudo está relacionado.

Niklas Nihlen

Hoje, muitas pessoas compreendem que a Terra é um Ser vivo, a materialização de uma grande Vida. Nos ensinamentos da Sabedoria, essa Vida é conhecida por nomes como Sanat Kumara, o Senhor do Mundo, o Ancião dos Dias, o Eterno Jovem. Ele decidiu supervisionar a evolução da humanidade até que "cada peregrino cansado tenha encontrado o caminho de casa", e por causa disto ele também é conhecido como "o Grande Sacrifício". Dentro dessa grande Vida, nós "vivemos e nos movemos e temos nossa existência". A preocupação de muitos hoje em dia volta-se para a necessidade de cuidar dessa Vida e de protegê-la de um abuso contínuo ou de sua possível destruição. Toda vida exige cuidados, mas por tempo demasiado a humanidade ignorou sua responsabilidade e assumiu e poluiu desastrosamente o planeta, resultando na crise e no desequilíbrio de hoje.

Como nós, esse grande Ser passa por diversos estágios em seu caminho de desenvolvimento evolucionário. Segundo os ensinamentos da Sabedoria Perene, em nossa época essa Vida está passando por uma importante transformação da consciência, uma iniciação cósmica que está causando um efeito de repercussão em todas as formas de vida e em todos os reinos da natureza,[6] mas particularmente no humano. Esse processo de iniciação faz com que se manifestem certas qualidades e capacidades criadoras que ficaram latentes por muito tempo, e que são ótimas promessas para o futuro. Os períodos de iniciação na experiência de vida do Logos têm imensa duração, evidentemente, levando éons, mas percebemos que o período atual é de grande culminação e resultará numa tremenda expansão de todas as formas de vida mantidas sob a aura desse grande Ser.

Muitas pessoas entendem que, dentro do planeta, assim como no ser humano, há centros, às vezes chamados de chakras. São pontos ou "nadis" de distribuição de energia. O estímulo atual causou a aceleração ou animação desses centros, e estabeleceu-se um raro alinhamento temporário, com poderosas e vastas implicações. Os três centros principais do planeta são Shamballa (centro da Vontade divina), Hierarquia (centro do amor divino) e Humanidade (centro da inteligência criativa).

SHAMBALLA

Shamballa é o centro espiritual mais elevado e poderoso, o "centro onde a Vontade de Deus é conhecida". Nos antigos livros orientais, bem como em lendas e mitos, ela é conhecida por vezes como *Shangri-La*. Cristo chamou-a de Morada do Pai, e foi essa força que Ele contatou pela primeira vez no Jardim do Getsêmani.[7] Diz-se que Shamballa é o único lugar de perfeita paz sobre o planeta; ela é a guardiã da "vontade pacífica, silenciosa".

Shamballa não existe no plano físico; existe na substância etérica,[8] o corpo de energia vital que substancia, ou sustenta, a forma física, criando a síntese e reunindo todas as formas "dentro do círculo do amor divino".[9] Sanat Kumara, o Grande Senhor, vive em Shamballa e todas as formas de vida são mantidas sob a irradiação de sua aura. A força de Shamballa rompe as distinções artificiais que nos dividem segundo raça, sexo, religião e nacionalidade, e nos une no nível fundamental da nossa herança comum, humana e espiritual.

A energia é impessoal e estimula tanto o bom quanto o mau, dependendo do nível de consciência. A energia de Shamballa destrói tudo que prejudica a expressão livre do impulso espiritual que está nascendo agora. Mas é essencial que a humanidade compreenda melhor como dominar e usar essa energia para realizar mudanças reais em nosso planeta. Às vezes, algumas pessoas de tendência espiritual têm muita dificuldade para lidar com a possibilidade de usar a energia espiritual para provocar a destruição de forças negativas e inibidoras. Mas hoje precisamos justamente dessa capacidade concentrada.

Essa energia de Shamballa é imensamente poderosa, e não estamos acostumados com ela. Este é um dos motivos pelos quais a vida apresenta tantos desafios nesta época, e porque muita gente tem dificuldade para manter o equilíbrio emocional e mental: suas células cerebrais estão recebendo estímulos em demasia. Antes do século anterior, a energia de Shamballa só impactou diretamente a consciência humana em duas ocasiões dentro da longa história da vida neste planeta. Mas recentemente, houve três emissões de Shamballa – durante a Segunda Guerra Mundial,[10] em 1975 e, finalmente, em 2000. O impacto de Shamballa no final da guerra foi um momento de definição da história planetária, não só nos campos de batalha, como no reino da consciência. Alguns anos antes, não estava claro se a humanidade seria capaz de agir corretamente e reunir a força de vontade necessária para combater o Fascismo. Como resultado do triunfo das forças Aliadas, em junho de 1945 a humanidade passou sucessivamente por um momento de crise e atingiu um estado temporário de unificação e de alinhamento da consciência, o que levou à abertura da porta da oportunidade. O Mestre do Mundo atingiu seu "ponto de decisão" – a decisão de voltar a se fazer visível na Terra assim que possível, e bem antes do que ele havia planejado até então.[11] Os dois impactos subsequentes, em 1975 e novamente em 2000, serviram para dar continuidade ao trabalho de preparação desse grande evento, elevando a frequência vibratória da humanidade. As ramificações desses impactos mais recentes ainda estão ativas nesta época.

HUMANIDADE: OS PRECURSORES

Em muitos aspectos, a humanidade é o principal ponto ou centro do planeta nesta época. O destino de toda forma de vida do nosso planeta depende das decisões que tomaremos nos próximos anos. Muitas pessoas estão respondendo a esse sentido de urgência e estão trazendo à cena novos modos de vida e de trabalho, assentando as bases para a Era de Aquário. E assim como no passado o mundo foi governado por indivíduos fortes e dominadores, o mundo do futuro será governado por grupos fortes e eficientes.

Os novos grupos e seus membros não são necessariamente organizados ou reconhecidos externamente. Não estão preocupados com força numérica ou com autoridade pessoal. Não vão tentar forçar sua própria agenda ou dogma, ou quererem se impor como líderes e mestres. Tentarão, isto sim, compreender os demais e seus diferentes caminhos e tradições. Trabalharão de maneira cooperativa, pois compreendem a força que flui de um esforço unificado. Eles estão preparando a consciência humana para os eventos espirituais que deverão ocorrer nas próximas décadas.[12]

Naturalmente, a situação é fluida e dependente do livre-arbítrio humano. Nesta época, apenas algumas pessoas têm um vislumbre do futuro e sentem a beleza do Plano emergente, mas serão elas, em seu esforço conjunto, que terão poder e força que supera em muito seu número. Há muitas outras, trabalhando em todas as áreas da vida humana, que embora não tenham noção dos aspectos espirituais sutis da situação presente, se esforçam para atender às necessidades humanas e planetárias, como elas as entendem. Esses indivíduos e grupos de visão vanguardista são os precursores da nova era, análogos a São João Batista, que há 2 mil anos abriu o caminho para o Cristo que surgia na aurora da Era de Peixes. Esse grupo está procurando alertar a humanidade, aparentemente surda, para a natureza auspiciosa destes tempos.

OS AVATARES EMERGENTES

> Sempre que há um enfraquecimento da Lei e um crescimento da ilegalidade por todas as partes, *então* EU me manifesto.
>
> Para salvação do justo e destruição dos que fazem o mal, para o firme estabelecimento da Lei, EU volto a nascer, era após era.
>
> O *Bhagavad Gita*, Livro IV, Sutra 7, 8

De acordo com a tradição de sabedoria, diversos mestres, que alguns chamam de Avatares, estão hoje preparando o regresso à manifestação exterior. Esses Avatares foram definidos como mestres extraordinários, que de tempos em tempos aparecem para mudar a face do mundo.[13] Em períodos de dificuldade e aparente escuridão, quando a humanidade perdeu seu rumo, aparecem grandes mestres para nos levar de volta à luz. Eles ajudam a minorar o sofrimento e a restaurar a noção de ordem e de equilíbrio no mundo. Eles procuram pôr fim aos modos antiquados e indesejáveis de vida e de existência, abrindo caminho para novas formas, que abrigarão de maneira mais adequada a luz que virá. Eles surgem em épocas de excessos e de aparente escuridão – quando os problemas que enfrentamos parecem estar além de nossa capacidade para resolvê-los adequadamente. E por esse motivo, se não houver outro, esses mestres podem ser encontrados nesta época.

Contudo, é pouco provável que os mestres que chegarão surjam sob o disfarce de alguma religião específica, pois isso só iria limitar a eficiência do trabalho que vieram realizar. Vivemos num mundo bastante secular, no qual muitas pessoas não aderem mais às formas de crença estabelecidas, e a apresentação desses mestres como figuras religiosas afastaria muita gente. Os ensinamentos de sabedoria estão procurando transmitir uma nova e mais ampla interpretação desses conceitos, uma interpretação que ultrapasse a religião e aborde o espaço da espiritualidade, mais abrangente. Estamos nos preparando para um despertar planetário de tal magnitude que transcenderá – e incluirá, ao mesmo tempo – todas as crenças do mundo.

O problema é que sabemos muito pouco sobre o modo como esses mestres espirituais contemporâneos agirão, ou sua aparência. Eles terão de atender às necessidades atuais das pessoas, sem apresentar lições requentadas do passado. Normalmente, temos a tendência a imaginá-los segundo a óptica do Jesus histórico. Segundo dizem, porém, a imagem de um indivíduo tristonho e de natureza meiga e submissa terá pouca relação com os fatos.[14] Os mestres que virão podem ser descritos como "supremos executivos espirituais", homens e mulheres de capacidade extraordinária, capazes de implementar mudanças de grande vulto no direcionamento de nossa civilização planetária.

Esses mestres são diferentes da imagem que foi apresentada por muitos dos grupos espirituais e religiosos ativos no mundo em nossa época. Eles não lideram esses grupos, não administram um ashram no plano físico, nem comunidades espirituais ou organizações esotéricas, tão comuns em nossos dias. Dentro das linhagens das diferentes tradições religiosas e/ou espirituais, o mundo foi abençoado com a graça de incontáveis mestres, como Lahiri Mahasaya, Sri Yukteswar, Paramahansa Yogananda, Ramana Maharshi, Sri Ramakrishna, Swami Vivekananda, Mestre Nan, os muitos mestres tibetanos e muitos, muitos outros que se dedicaram a apresentar verdades espirituais. Esses mestres se desdobraram para preparar o caminho e participam das fileiras da Hierarquia, mas os mestres que virão não se apresentarão necessariamente como gurus ou sábios, pois nossa época é diferente. Aparecerão como indivíduos contemporâneos, aparentemente comuns que, no entanto, são extremamente talentosos e poderosos naquilo que fazem.

Os mestres vindouros fazem parte da própria humanidade e, segundo a Lei do Renascimento, transcenderam nossas limitações atuais e emergiram numa condição de libertação. Todos eles passaram pelo estágio humano de desenvolvimento. Por isso, conhecem muito bem as dificuldades e os triunfos, as alegrias e as tristezas da experiência humana em suas diversas manifestações. Seu ponto de partida está no reino da consciência. Graças a seus esforços, conseguiram se libertar do confinamento da vida ao qual todos estão sujeitos, e por isso atingiram uma capacidade muito grande de servir. Fazem parte daquilo que conhecemos como a Hierarquia espiritual do nosso planeta, o quinto reino, o reino das almas.

Neste momento, eles vivem discretamente por trás dos bastidores, sem serem conhecidos ou reconhecidos, em diferentes países, espalhados pelas áreas magnetizadas do planeta, lugares que lhes proporcionam as condições adequadas a seu trabalho subjetivo. Cada um deles é um ponto focal para a distribuição da energia do amor e da sabedoria.[15] Um bom número deles vivia dentro e nas proximidades das fronteiras do Tibete e do norte da Índia – sob a proteção e santidade proporcionadas por essas terras sagradas. A invasão chinesa e o ataque à "terra das neves", porém, certamente forçou-os a mudar para regiões mais remotas da cadeia do Himalaia.

Quando saírem de seus retiros, não se apresentarão como Mestres ou coisas assim. Em alguns casos, podem passar despercebidos, mas serão respeitados e reconhecidos pelas amplas e rápidas mudanças que realizarão. Os "falsos profetas" e fanáticos de todas as crenças e tradições espirituais (que são numerosos hoje) é que proclamam a grandeza de suas vidas e obras, falam mal desses mestres e prejudicam o trabalho educativo que precisa ser feito com relação às suas alegações falsas e mensagens distorcidas.[16]

Um dos principais problemas na tentativa de apresentar essas ideias ao público é o foco intelectual errôneo de muita gente, uma condição na qual a mente se torna "a assassina do Real".[17] Vivemos numa cultura – especialmente no mundo ocidental – caracterizada pelo forte individualismo e por uma postura racional, científica, até materialista. Mas temos sorte, pois estamos próximos de descobertas que ajudarão a desfazer os dogmas que geraram essa visão de mundo tão limitada.

Os desafios que certamente esses mestres enfrentarão ao surgir em cena serão consideráveis, por assim dizer. Algumas pessoas esperam um Messias que resolva todos os problemas e alivie todos os sofrimentos. Não foi isso que aconteceu há 2 mil anos, e não devemos supor que a situação será muito diferente hoje. Normalmente, os grandes mestres abalam a ordem estabelecida. Sempre foram revolucionários, e estes mestres não serão exceção. Sua mera presença no mundo, com a poderosa energia que emana tanto de suas ideias como de sua simples existência, inevitavelmente perturbará o *status quo*. Tal como aconteceu há 2 mil anos, muitos não aceitarão esses mestres, e farão o que puderem para silenciar a mensagem que eles virão trazer.

E embora não devamos esperar um Messias que resolverá nossos problemas, os ensinamentos da Sabedoria Perene afirmam que os professores vindouros, ou Mestres, estão criando condições e abrindo caminho para o eventual ressurgimento de um grande Mestre do Mundo – um Cristo, um Messias, um Maitreya, um Imam Mahdi – que deverá unir os povos do mundo, cumprir a profecia e estabelecer a lei em nosso planeta. Segundo os ensinamentos da Sabedoria Perene, o mestre que está a caminho é o Cristo. Ele ainda não concluiu a missão que iniciou na Palestina, há 2 mil anos, e por isso voltará, nesta aurora da Era de Aquário, para cumprir a profecia. Mas há muita confusão em torno da palavra Cristo. Em grego, *christos* significa "ungido" e, "nos Mistérios gregos, aplicava-se a um candidato que tivesse passado pelo último grau, tornando-se um iniciado completo".[18] Nos ensinamentos da Sabedoria Perene, a expressão Cristo refere-se ao nome de um cargo: o de chefe da Hierarquia espiritual.

Esses detalhes nos ajudam a compreender melhor quem foi e quem é esse grande mestre. Atualmente, muitas pessoas, especialmente participantes do movimento Nova Era, sentem uma ligação mais forte com o Buda, ou uma atração maior por ele, mas no sentido mais amplo da palavra, Buda e Cristo são profundamente irmãos.

As diversas percepções distorcidas desse grande mestre são compreensíveis. O movimento cristão evangélico (especialmente nos Estados Unidos) é extremamente ativo, atraindo muitas pessoas e realizando excelente trabalho humanitário. Mas, de diversas maneiras, seus ensinamentos distorceram bastante a mensagem de Cristo, especialmente no que diz respeito ao seu ressurgimento. Portanto, é compreensível que muitas pessoas vejam os ensinamentos cristãos como descompassados com a vida e com os pensamentos mais progressistas.

Se lermos livros como *As Religiões do Mundo** de Huston Smith, que apresenta uma fascinante descrição de Jesus, o homem, teremos outra ideia dele. A descrição feita por Smith da vida e obra de Jesus é

---

* Publicado pela Editora Cultrix, São Paulo, 2001.

intensa, e transmite uma ideia do efeito que a mera presença física de um avatar no plano físico pode causar. Os fatos conhecidos são que ele era "um carpinteiro judeu pouco conhecido, nascido numa estrebaria, que morreu aos 33 anos como criminoso e não como herói, que nunca se afastou mais do que 150 quilômetros de sua cidade natal, que não tinha bens, não frequentara escolas, não dirigia exército algum, e que, em vez de publicar livros, escrevia apenas na areia".

Smith diz que Cristo exerceu sua maior influência sobre aqueles que lhe eram próximos – seus discípulos, os pobres, as prostitutas e as pessoas comuns. Cristo ensinou que a prostituta e o publicano poderiam entrar no céu antes de muitos que exteriormente eram justos. Ele deu forças aos desapoderados. E só podemos imaginar o que acontecerá após seu retorno, pois os pobres ainda têm pouco poder ou senso de pertencimento. Com certeza, este é um dos motivos pelos quais tantas pessoas miseráveis deste mundo ainda respondem tão fortemente à sua mensagem: Ele fala delas, e além de Cristo poucos o fazem.

Cristo se manifestou contra a hipocrisia de sua época; Ele abalou o *status quo* com suas palavras, suas ações e sua mera existência. E se isso foi válido há 2 mil anos no mundo relativamente de seu ministério na Palestina, podemos imaginar o impacto que sua vibração terá no mundo atual, com sua rede instantânea de comunicação global! Graças ao progresso tecnológico, o mundo ficou muito menor. Em todos os lugares, as pessoas tomam conhecimento de situações que, no passado, eram eventos isolados. A profecia bíblica que diz: "quem tem ouvidos para ouvir, que ouça, quem tem olhos para ver, que veja", pode se tornar uma realidade em nossa época. O Mestre vindouro tirará proveito dessa situação, a qual, na época em que ele voltar, estará ainda mais sofisticada, menos dispendiosa, e terá abrangência mais global. Parte do trabalho de preparação para seu retorno, portanto, envolve a eliminação da exclusão digital, para que haja um acesso pleno à tecnologia global de comunicações.

A perspectiva de entrar neste mundo, com tantas distorções em modos de vida e de pensamento, e com suas vibrações grosseiras, certamente não agradará esses mestres. Eles conhecem o peso da ignorância e da arrogância humanas, mas também conhecem a bondade básica do coração humano. Sua intenção é servir à humanidade, qualquer que seja o resultado para eles.[19]

POLARIDADE MASCULINA E FEMININA

Parte da limpeza que deve ser concluída antes do retorno dos mestres está relacionada com a necessidade de lidar com os desequilíbrios do mundo, levando as mulheres a posições proeminentes em todas as áreas. E isso está acontecendo. As mulheres de hoje exigem igualdade plena – e a igualdade espiritual essencial de todas as pessoas é o direito humano fundamental que estará na base de todas as mudanças provocadas pela Era de Aquário. Uma das principais áreas da vida em que as mulheres têm sofrido discriminação é a religião, que há séculos vem negando sistematicamente às mulheres seus direitos humanos plenos. É irônico, pois muitos dos fundadores dessas mesmas religiões tinham mulheres em posições de destaque em sua hierarquia. Portanto, a atual negação de posições de autoridade às mulheres é uma grande injustiça. A milenar supressão e desvalorização do princípio feminino, aliada à injustiça econômica e racial, é o mais triste legado da raça humana. A Era de Aquário será testemunha da retificação dessa situação, mas durante o atual período de transição muitos desafios difíceis terão de ser enfrentados.

O reconhecimento de que as mulheres não são melhores do que os homens e de que os homens não são melhores do que as mulheres é uma verdade simples, que hoje está ficando evidente. Em muitas áreas, as mulheres se mostram como líderes fortes, contribuindo com seus consideráveis talentos e pontos de vista para a solução de importantes problemas de nossa época. Os princípios femininos começam a ser valorizados e aceitos como componentes necessários de uma visão de mundo justa e equilibrada. Mas, como acontece em todo movimento de mudança, o movimento de liberação feminina resultou num considerável retrocesso, pois muitas pessoas (inclusive muitas mulheres) lutam aberta ou veladamente para manter o *status quo*, desvalorizando e reprimindo as mulheres de forma grave ou não. Muitas mulheres, especialmente aquelas que vivem em países em desenvolvimento, ainda sofrem grandes injustiças sob o peso de costumes nascidos da ignorância e mantidos no lugar em função do medo. Um relatório recente da ONU detalhou o abuso a que estão sujeitas muitas mulheres, seja por parte do Estado, da família ou de estranhos, em âmbito público ou privado, em tempos de paz ou períodos de guerra.

No entanto, as condições mudam quando as pessoas mudam. A superpopulação do planeta é uma indicação clara de que o papel primário da mulher como geradora de filhos não é mais uma necessidade evolucionária, e o uso de anticoncepcionais permitiu que muitas mulheres dedicassem suas energias a outras ocupações. Essa mudança tem implicações drásticas para as mulheres, pois as deixa livres para fazerem muito mais do que podiam no passado. Isso não implica desvalorizar a contribuição prestada pela mulher como nutriz e mãe; simplesmente mostra que hoje as mulheres têm muitas outras opções. Essa liberdade, associada ao fato de que tanto mulheres como homens estão vivendo mais e tendo mais saúde, dá a todos melhores oportunidades de contribuição, de novas e excitantes maneiras.

É possível que, em nossa miopia, achemos que, como as mulheres fizeram grandes progressos no mercado de trabalho e têm entrado em números cada vez maiores no mundo profissional, não há mais progressos a fazer. Mas todos sabem que a mudança fundamental é a mudança de atitude, e ainda falta muito para que a mulher receba o respeito e a dignidade que merece. A nova era verá uma mudança na atitude dos homens para com as mulheres, e das mulheres para com seu destino.[20] Isso deve funcionar de modo mais evidente nas áreas do sexo e do casamento. Quando os homens aprenderem a valorizar as mulheres, estas estarão livres para realizarem seu destino espiritual. Esse destino está se desenvolvendo sob o ímpeto da energia de Aquário que está sendo lançada sobre nós, mas certamente o destino da mulher será exclusivamente dela – diferente, embora complementar, do destino do homem. A perspectiva feminina, uma voz voltada principalmente para a defesa da paz e da justiça, ainda é desvalorizada em nosso mundo, com os resultados desastrosos que testemunhamos à nossa volta.

É útil recordar que todos nós passamos muitas vidas anteriores em corpos tanto masculinos como femininos, dentro da longa série de existências que constitui o caminho da evolução humana. Isso ajuda a explicar as orientações distintas que acontecem frequentemente quando, por exemplo, um indivíduo passa uma série de vidas em um corpo de determinado sexo e depois tem uma encarnação no sexo oposto. A Lei do Renascimento nos ajuda a desenvolver uma compreensão mais profunda das diversas complexidades da vida. Todos nós encarnamos em sexos diferentes para adquirir experiências e desenvolver qualidades diferentes. A Sabedoria Perene nos ensina que a polaridade de homens e mulheres é bem diferente no nível energético. Naturalmente, não há regras simples ou linhas demarcatórias, e quando adentrarmos Aquário, pode ocorrer uma grande mescla e fusão dos sexos, uma vez que compreenderemos melhor a igualdade. Mas, do ponto de vista da polaridade essencial, homens são positivos e as mulheres são "negativas" ou receptivas. Tradicionalmente, essas polaridades têm levado à depreciação e consequente repressão das mulheres. Mas quando as energias da nova era ficarem mais evidentes, a igualdade será mais bem compreendida, e as diferenças serão aceitas. Isso dará lugar a uma compreensão melhor da vida, resultando numa harmonia maior entre os sexos.

As mulheres são parte vital e integral do trabalho que está sendo feito hoje, e assumirão seu lugar na vanguarda das mudanças planetárias que estão sucedendo em todos os aspectos da vida. De certo modo, em função de sua receptividade, as mulheres possuem uma abertura maior para as mensagens dos mestres interiores, e podem ser receptoras dos mundos espirituais. Por isso, muitas das pessoas que foram fundamentais na formação e criação do movimento espiritual eram mulheres.

A Sabedoria Perene ensina, porém, que as pessoas que atingem o quinto grau de iniciação – a de um Mestre da Sabedoria – fazem-no em corpo masculino. Isso não significa que os homens são melhores do que as mulheres, pois, repito, todos nós passamos por milhares de vidas nos dois sexos. Tradicionalmente, porém, ensinaram-nos que é necessário um corpo masculino para enfrentar os enormes desafios que aguardam aqueles que atingiram o quinto grau. Entretanto, em relação a isto, Sua Santidade o Dalai Lama fez um comentário interessante ao responder a uma pergunta que lhe fez Pir Zia, principal responsável pela Ordem Sufi Internacional. Enquanto estudava com Sua Santidade em Dharamsala, na Índia, há alguns anos, Pir Zia perguntou: "É verdade que as mulheres não conseguem atingir o estado de Buda?" Sua Santidade respondeu: "Isso era verdade antes que Tara se tornasse bodhisattva".[21] E prosseguiu: "Tara foi a primeira feminista do mundo". Assim, mesmo nessa área de antigas tradições, não há mais regras rígidas. A pergunta delicada, portanto, fica para análise futura.

CAPÍTULO 2

BREVE PERSPECTIVA HISTÓRICA

A FUNDAÇÃO DA HIERARQUIA NA TERRA

Quando levamos em conta essas coisas, à luz da atual situação mundial, naturalmente surgem muitas perguntas. Podemos nos perguntar, por exemplo, "Se esses mestres existem, por que há tanto sofrimento no mundo? Por que permitiram que as condições ficassem tão cruéis, por que não aparecem para consertar tudo? Por que permitem que essas coisas aconteçam?" São excelentes perguntas. Talvez possam ser respondidas, em parte, se analisarmos rapidamente a situação à luz dos ensinamentos da Sabedoria Perene. Esta perspectiva recua muito nos registros do tempo – até uma época que precede toda história registrada, mas que nos foi transmitida em mitos, lendas e antigos textos espirituais, e que, em alguns casos, foi preservada em lugares protegidos deste mundo. Aquilo que segue é uma apresentação extremamente fragmentada e rudimentar dos ensinamentos, explicados com razoável detalhamento e profundidade nos textos de Helena Blavatsky (especialmente em *A Doutrina Secreta* e *Ísis sem Véu*),* e que podem ser estudados, com grandes benefícios, por qualquer um que se interesse por compreender mais a fundo

---

* Publicados, respectivamente, em 1980 e 1991 pela Editora Pensamento, São Paulo.

a história de nossa vida planetária segundo o ponto de vista dos ensinamentos da Sabedoria Perene. Este material foi adaptado do capítulo intitulado "A Fundação da Hierarquia", encontrado em *Initiation, Human and Solar*.

De acordo com esses ensinamentos, a Hierarquia espiritual estabeleceu-se em nosso planeta há dezoito milhões e quinhentos mil anos, quando o Ser infinitamente grande, Sanat Kumara, veio à Terra para realizar uma grande obra de sacrifício e redenção. Dizem que ele seria um ser de incrível pureza (relativamente desprovido de pecados) que não conseguiu assumir um corpo físico, e que por isso só conseguiu funcionar em corpo etérico ou de energia. Dizem que tudo que há no mundo se encontra sob Sua aura ou esfera magnética de influência.

Sanat Kumara veio ao nosso planeta com um grupo de seres muito evoluídos a fim de realizar um grande plano, plano que tem estado em andamento nestes milhões de anos. Só agora (dentro dos próximos séculos), com os fatos que estão ocorrendo, é que essas entidades começam a ver a realização e fruição do trabalho que vieram realizar há milhares de séculos.

Quando Sanat Kumara chegou aqui pela primeira vez, o mundo estava repleto de homens animais com corpos físicos bastante evoluídos, corpos astrais coordenados e a semente rudimentar de uma mente. Se tivessem sido deixadas ao acaso, essas criaturas acabariam saindo do reino animal e entrando no humano, mas o processo seria extremamente lento e longo. Sanat Kumara tomou a decisão de assumir um veículo físico superior (etérico), o que foi um acontecimento tremendamente importante para a vida evolucionária do nosso planeta. Isso produziu um influxo extraordinário de energia espiritual, o que estimulou o processo evolucionário. Todas as formas de vida foram animadas pela energia que emanou através delas e que emanou dessa grande Vida, desse Observador Silencioso.

A semente da mente no homem animal foi estimulada, e por isso levou à oportunidade de dar-se um grande passo; a isso dá-se o nome de "individualização" nos livros espiritualistas, e significa o processo de levar esses seres animais ao reino humano graças ao estímulo mental. Essa "fecundação" dos cérebros dos homens animais foi provocada por um grupo avançado de seres extraplanetários conhecidos nos ensinamentos como Anjos Solares.

Mesmo depois desse grande acontecimento, eras vieram e passaram e a obra da Hierarquia prosseguiu num ritmo extremamente lento e desencorajador, sem muitos progressos. Então, há mais ou menos 17 milhões de anos, foi decidido que seria necessário um posto avançado da Hierarquia neste denso plano físico, que serviria de organização e sede dos antigos mistérios. Esta Hierarquia seria comandada por um grupo de Mestres e Chohans que atuaria em corpos físicos densos para atender melhor às necessidades do mundo.[22]

A primeira sede da Hierarquia foi fundada no centro da América do Sul, lugar que ficou conhecido como Templo de Ibez. Outra sede foi fundada na antiga civilização maia. Um segundo ramo foi criado depois na Ásia, conhecido como a Escola Trans-Himalaia, e este modelo modela até hoje o trabalho da Hierarquia.[23] Muito mais tarde, na época da civilização atlante, os grandes mestres caminhavam abertamente entre os homens e detinham o poder e a autoridade daqueles tempos remotos.[24] Sua civilização possuía conhecimentos profundos em muitas áreas, como matemática, arquitetura e filosofia – e algumas que ainda hoje não são muito conhecidas. Mas, com o tempo, o povo da Atlântida ficou perturbado pelas forças materiais e emocionais que acabaram levando à sua destruição, e os mestres precisaram se afastar das atividades externas.[25] Mais ou menos nessa época, certos membros do reino humano estavam fazendo tanto progresso em seu desenvolvimento evolutivo que toda a estrutura da Hierarquia se alterou para acomodar essa realização humana.

A lenda do grande dilúvio que caiu sobre a Terra foi um evento real que teve lugar nessa distante época da Atlântida.[26] Como resultado dessa terrível destruição, os mestres reavaliaram sua posição com relação à família humana (e sua própria evolução), e concluíram que precisavam mudar seu modo de agir.[27] Eles decidiram que não era mais adequado trabalharem abertamente como protetores da humanidade. Segundo perceberam, a humanidade precisava aprender as lições da liberdade e da autodeterminação, e por isso os mestres se recolheram. Depois de algum tempo, a humanidade perdeu a lembrança coletiva que tinha deles.

Desde essa época remota, a humanidade tem estado livre. Nós, humanos, criamos os problemas e precisamos resolvê-los. Quando fizermos isso, os mestres voltarão e teremos novamente a oportunidade de comandar realmente o plano físico por meio do espírito. Os mestres não voltarão para nos liderar, mas para caminhar conosco a fim de reorientarmos, juntos, o tom e a vibração da nossa vida planetária.

MENSAGEIROS DA LUZ

Nos últimos 130 anos, muitos indivíduos ajudaram a chamar a atenção do público para o conceito dos Mestres de Sabedoria. A lista sucinta apresentada a seguir não pretende esgotar o assunto – muitos outros indivíduos e grupos, geralmente atuando silenciosamente por trás dos bastidores, ajudaram a solidificar esses ensinamentos em nosso mundo.

Helena Petrovna Blavatsky

Disse o senhor Buda: ... que não devemos crer em algo meramente porque seja dito; nem em tradições porque vêm sendo transmitidas desde a antiguidade; nem em rumores; nem em textos de filósofos, porque foram estes que os escreveram; nem em ilusões supostamente inspiradas em nós por um Deva (isto é, através de presumível inspiração espiritual); nem em ilações obtidas de alguma suposição vaga e casual; nem porque pareça ser uma necessidade análoga; nem devemos crer na mera autoridade de nossos instrutores ou mestres. Entretanto, devemos crer quanto o texto, a doutrina ou os aforismos forem corroborados pela nossa própria razão e consciência. "Por isto", disse o Buda, ao concluir, "vos ensinei a não crerdes meramente por que ouvistes falar, mas, quando houverdes crido de vossa própria consciência, então devereis agir de conformidade e intensamente."

Helena Blavatsky, *The Secret Doutrine**

Madame Blavatsky, como era chamada, poderia ser vista como a "mãe" de todo esse movimento que trouxe os ensinamentos da Sabedoria Perene para o Ocidente. Foi ela que, com sua força, coragem e profundidade de conhecimentos, abriu o caminho para tudo que a sucedeu. Somos todos profundamente gratos por seu trabalho e pelos sacrifícios que ela fez para trazer a lume alguns dos segredos das eras, que até então estavam, em grande parte, ocultos e perdidos para o mundo moderno. Ela sabia muito bem que seus textos seriam menosprezados por aqueles que não tivessem olhos de ver. Mesmo assim, ela continuou até seus últimos dias a nos proporcionar os frutos do seu conhecimento.

Madame Blavatsky era uma russa pitoresca, exuberante, que viveu e trabalhou no final do século XIX. Seus textos brilhantes, especialmente *A Doutrina Secreta* e *Ísis Sem Véu*, bem como o fato de ter fundado a Sociedade Teosófica, tornaram-na muito famosa, e às vezes difamada, em sua época. Seu trabalho foi fundamental para estabele-

---

* *A Doutrina Secreta*, VI vols., publicado pela Editora Pensamento, São Paulo, 1980.

cer esse movimento sobre bases sólidas, tendo atraído algumas das principais figuras de sua época para suas fileiras e levado aos principais jornais diversos artigos relacionados aos Mestres.

Quando jovem, Blavatsky se propôs a aprender tudo que pudesse sobre os antigos mistérios – de livros e experiências pessoais, bem como por suas próprias habilidades – a fim de penetrar nos mundos interiores. Ela viajou muito, pela Europa, Egito e Índia, onde viveu e estudou com certos Mestres, preparando-se para o trabalho que iria realizar mais tarde. Blavatsky manteve contato permanente com esses professores, tanto por cartas como em visitas pessoais ou experiências no plano interior. Isso foi crucial em seus textos e na formação da Sociedade Teosófica, que foi um evento importante no cenário mundial durante seus primeiros dias. O trabalho de Blavatsky foi mal compreendido por algumas pessoas de seu tempo, o que a levou a se arrepender de ter chegado a mencionar os Mestres.[28] Ela foi atacada e difamada agressivamente, e sofreu muito sob o peso dessas críticas, mas seu trabalho ajudou-a a preparar a consciência humana para os eventos que estão começando a ter lugar agora.

Annie Besant

> Nunca se esqueça de que a vida só pode ter inspiração nobre e correção se você for corajoso e galante, como numa bela aventura que você se propõe a realizar num país desconhecido, encontrando muitas alegrias, descobrindo muitos companheiros de viagem, vencendo e perdendo muitas batalhas.
>
> Annie Besant

Annie Besant, escritora, feminista, conferencista e humanitarista inglesa, trabalhou incessantemente para promover a causa dos ensinamentos da Sabedoria Perene. Na juventude, ela rompeu completamente com sua formação cristã e, na década de 1880, trabalhou ativamente no movimento socialista da Inglaterra, tornando-se uma poderosa defensora dos direitos das mulheres. Depois, em 1889, entrou para a Sociedade Teosófica, um fato que, segundo ela, espantou até seus amigos mais íntimos. Acabou tornando-se a segunda presidente da Sociedade em 1907, cargo que ocupou até sua morte, em 1933. Passou a maior parte desse tempo na Índia, onde também lidou com política e com a questão do voto feminino. Trabalhou com Gandhi, que a considerava uma das principais figuras a "fazer a Índia despertar de seu sono profundo". A Sra. Besant liderou o movimento nacionalista hindu, fundou o Central Hindu College e organizou o Indian Home Rule League.* Chegou a ser eleita presidente do Congresso Nacional da Índia em 1917 e secretária-geral da Convenção Nacional da Índia em 1923.

Escreveu mais de quarenta livros e foi uma conferencista bastante respeitada, tanto no Ocidente quanto no Oriente. Promoveu o trabalho do jovem indiano Jiddhu Krishnamurti, adotou-o em 1911 e foi responsável por sua educação na Inglaterra. O estímulo que cercou seu envolvimento com a "experiência" Krishnamurti pode ter contribuído para os erros de julgamento que afetaram algumas de suas atividades na Sociedade Teosófica nos seus últimos anos. Esses erros, porém, não diminuem sua vida, repleta de serviços ao Plano da Hierarquia, tal como ela o via.

Jiddhu Krishnamurti

A perseverança significa [...] que nada deverá afastar-te por um momento sequer da Senda em que entraste. Nem tentações, nem os prazeres do mundo, nem as afeições mundanas, mesmo, devem jamais desviar-te. Pois tu mesmo deves unificar-te com a Senda; ela deve tor-

---

* Sociedade que pleiteava o direito de o povo da Índia autogovernar-se, sem a interferência do império britânico (N. do T.).

nar-se de tal modo parte da tua própria natureza que a percorras sem nisso teres que pensar e sem te desviares. Tu, a Mônada, assim o decidiste; separares-te da Senda equivaleria a te separares de ti mesmo.

J. Krishnamurti, *At the Fet of the Master**

Nos primeiros anos do século XX, certos membros da Sociedade Teosófica da Índia proclamaram um jovem indiano, Jiddhu Krishnamurti, como a encarnação de um grande mestre espiritual. E, de fato, Krishnamurti foi um jovem muito especial. Muitos que o conheceram nesses primeiros anos confirmaram seus raros dons espirituais e sua pureza. Pessoas que ouviam Krishnamurti falar se sentiam elevadas espiritualmente e ele chamou a atenção de muitos simplesmente por sua presença e pela força e verdade inerente de suas palavras. Ele falava abertamente de seu relacionamento com os Mestres e se mostrava influenciado pelos planos interiores. Sua vida foi uma manifestação da verdade.

Os ensinamentos de Bailey dizem que Krishnamurti era uma experiência de algo que hoje é conhecido como "canalização". Esta palavra é comum hoje, pois muitos afirmam que são canais dos Mestres. Por isso, devemos ser cautelosos e separar a verdade da falsidade ao analisarmos tais afirmações. Mas, no caso de Krishnamurti, restam poucas dúvidas de que a influência dos Mestres operava através dele. Ele era, de certo modo, capaz de abrir mão dos veículos inferiores da personalidade para que os Mestres pudessem transmitir sua influência para o mundo através da pessoa de Krishnamurti.[29] Nesses momentos de canalização, era como se Krishnamurti, graças a um processo interno de alinhamento, conseguisse permitir que seus veículos se tornassem o canal para a luz e o poder que fluíam, muito maiores do que seu próprio nível normal de desenvolvimento. Numa

---

* *Aos Pés do Mestre*, publicado pela Editora Cultrix, São Paulo, 1995.

curva mais elevada da espiral, foi isso que aconteceu com a vida de Jesus, cuja pureza e cujas intenções permitiram que o Cristo operasse através dele.

Infelizmente, as pessoas que tinham em mãos o bem-estar e o cuidado de Krishnamurti proclamaram-no o próximo mestre do mundo, o que provocou uma fúria em torno dessa delicada experiência que estava sendo tentada. Alguns membros da Sociedade Teosófica, que haviam feito trabalhos magníficos, perderam-se na experiência com Krishnamurti e não conseguiram lidar com a responsabilidade que lhes fora dada. Quando Krishnamurti amadureceu, uma organização, "A Ordem da Estrela do Oriente", foi formada em torno dele, e ele atraiu muitos seguidores. Infelizmente, o fenômeno tornou-se um culto à personalidade, e Krishnamurti foi posto sobre um pedestal. Naturalmente, as distorções e a devoção mal-orientada causaram em Krishnamurti uma grande revolta. Em 1929, diante de uma multidão de 3 mil pessoas, ele fez o famoso discurso, no qual asseverou que "A Verdade é uma terra ainda não trilhada" e, na prática, desmontou todo o movimento. Krishnamurti estava farto de religiões, dogmas e doutrinas. Revoltando-se contra a devoção que se formara ao seu redor, nunca falou mais em público da Hierarquia.

Por isso, a experiência que os Mestres estavam tentando realizar não foi mais realizada. As condições internas de Krishnamurti mudaram, e os Mestres não trabalharam mais por seu intermédio. A experiência não foi um fracasso completo, porém, e com certeza foram aprendidas algumas lições valiosas por todos os envolvidos. Krishnamurti prosseguiu com excelentes trabalhos de natureza espiritual nos âmbitos da educação e da vida espiritual – mas só podemos imaginar o que teria acontecido caso os indivíduos responsáveis por cuidar do jovem Krishnamurti tivessem lidado de maneira diferente com a situação, agindo com mais sabedoria e atenção.

Os problemas que surgiram na Sociedade Teosófica e entre as pessoas atraídas por Krishnamurti servem de vislumbre sobre as situações altamente emocionais que cercam almas muito evoluídas e nos advertem das dificuldades que podem surgir quando os Mestres se manifestam exteriormente. Os problemas enfrentados por Krishnamurti parecem ter se originado de sua reação à intensa devoção que lhe foi dirigida. Isso é particularmente interessante se lembrarmos que a devoção é a qualidade primária associada à Era de Peixes, que se encerra, e a energia que acompanha o sexto raio. De certo modo, portanto, podemos dizer que a reação de Krishnamurti era apropriada para alguém que estava começando a sofrer a influência das energias de Aquário, fortemente ligadas ao conceito de liberdade. Mas, em função de sua reação à situação na qual se encontrava, tem-se a impressão de que Krishnamurti fechou seu próprio canal para a influência da Hierarquia.

Embora indivíduos da estatura de Krishnamurti sejam incomuns, há muitas pessoas que se valem da energia da Hierarquia quando estão envolvidas em discursos, criação, redação ou planejamento organizacional. Estes são, com efeito, os principais meios pelos quais a Hierarquia atua em nossa época, antes do retorno efetivo dos próprios Mestres. Os Mestres demonstram imensa humildade, pois servem sem o reconhecimento pelo trabalho que realizam. Não recebem créditos ou elogios do mundo exterior, mas, mesmo assim, estão silenciosamente por trás de muitas das belas e criativas inspirações que emergem da humanidade.[30]

Rudolf Steiner

O homem mostra-se eficiente no mundo não apenas por meio do que faz, mas, acima de tudo, por aquilo que ele é.

Rudolf Steiner

Steiner foi outro mestre importante. Participou da tradição teosófica e fez muito para difundir seus conceitos. Era um homem excepcionalmente erudito, e foi, entre outras coisas, filósofo, escritor e conferencista. Fundou a Sociedade Antroposófica, que até hoje apresenta cursos e seminários relacionados com diversos aspectos do trabalho de Steiner. Suas ideias influenciaram fortemente campos como o da espiritualidade, do design arquitetônico, da medicina, da agricultura e, principalmente, da educação, graças às escolas Waldorf. Em seus quase trinta livros e mais de 6 mil palestras, Steiner ensinou muitas coisas sobre a Hierarquia espiritual e os mundos interiores, bem como sobre as maneiras pelas quais podemos começar a contatá-los.

Helena e Nicholas Roerich

> Todos os Yogas precedentes, dados pelas Fontes mais elevadas, tinham como base uma qualidade específica de vida. Agora, com o advento da era de Maitreya, há a necessidade de um Yoga que compreenda a essência da vida, abrangendo tudo, sem que nada escape [...]. Você pode Me sugerir um nome para o Yoga da vida. Mas o nome mais preciso será Agni Yoga. É exatamente o elemento do Fogo que dá a esse Yoga do autossacrifício o seu nome [...]. O fogo, como elemento que a tudo une, manifesta-se por toda a parte, e por isso admite a realização das energias mais sutis. O fogo não afasta da vida; atua como um guia de confiança que nos conduz por mundos distantes.
>
> *Agni Yoga,* 158

Helena e Nicholas Roerich nasceram na Rússia, e seu principal trabalho foi realizado na primeira metade do século XX. Ambos eram escritores e mestres espirituais; Nicholas também era pintor prolífico. Helena escreveu o que depois ficou conhecido como o corpo dos ensinamentos do Agni Yoga. Essas coleções de breves aforismos espirituais ajudaram muitas pessoas graças ao "conhecimento objetivo" que transmitem, por meio de imagens poéticas e espirituais. São ensinamentos do primeiro raio, inspirados pelo Mestre Morya. Os ensinamentos, bem como as pinturas de Roerich, contribuíram muito para o mundo com sua beleza e a sabedoria inspirada pelos mundos superiores. Os Roerichs fundaram a Agni Yoga Society em Nova York, que publica livros e faz o trabalho administrativo, além de servir de museu para algumas pinturas de Nicholas Roerich. Os Roerichs também foram vitais para a formulação do projeto "Bandeira da Paz", que até hoje promove a paz e a fraternidade no mundo.

Alice Bailey

Os vinte livros escritos por Alice Bailey em colaboração com o Tibetano contêm boa parte dos ensinamentos para a Nova Era. Nesses ensinamentos, são vitais às informações sobre os Mestres. Quando Bailey estava com 15 anos, foi contatada por seu Mestre, Koot Humi, fato que ela descreveu em sua *Unfinished Autobiography*.[31] Um dia, ela estava sozinha em casa, lendo, quando subitamente um indiano alto, usando um turbante, entrou na sala. A primeira reação de Bailey foi de medo, mas quando ele falou objetiva e seriamente com ela, ganhou sua atenção. O objetivo básico dessa "entrevista" foi fazê-la saber que ela tinha um trabalho especial a fazer, mas que, para realizá-lo, ela teria de fazer algumas mudanças importantes em sua personalidade. Naquela época, tendo sido educada de forma conservadora e protegida de uma família inglesa da classe alta do final do século XIX, Bailey tinha péssimo humor e certo desdém por outras pessoas. Ela também considerava inferiores as pessoas que não compartilhassem com ela a fé cristã. Em função do poderoso impacto que seu contato com o Mestre lhe causou, Bailey conseguiu fazer as mudanças que lhe foram pedidas e passou a viver a vida plenamente dedicada ao serviço.

Bailey atingiu um nível de percepção tal que conseguiu trabalhar em contato consciente com os Mestres no que dizia respeito ao trabalho que precisaria fazer, e sua relação com eles durou pelo resto de sua vida. Ela raramente falava desse contato, pois havia um código de silêncio não declarado em torno desse trabalho interior e Bailey sempre manteve elevado grau de humildade. Ela se preocupava com o trabalho que tinha que fazer, e não tanto com ela como indivíduo.

Bailey era uma mulher que trabalhava muito, que criou três filhas, escreveu vinte livros pelo Tibetano e quatro por si mesma, e fundou a revista *Beacon*. Ela e seu marido, Foster Bailey, fundaram também o Lucis Trust, que até hoje tem escritórios em Nova York, Londres e Genebra. Ela também elaborou o currículo da Arcane School, um curso por correspondência de longa duração e que tem auxiliado buscadores espirituais do mundo todo há mais de oitenta anos. Bailey viajou e deu palestras em inúmeros lugares, encontrando-se e correspondendo-se literalmente com milhares de pessoas, que a procuravam onde quer que fosse. Trabalhou com um grupo maduro e confiável de colaboradores, sem cuja ajuda ela não teria conseguido levar adiante sua obra.

Quando o mestre Tibetano entrou em contato com Bailey através de uma experiência subjetiva profunda e pediu sua cooperação para escrever seus livros, ela se recusou prontamente a ajudá-lo. Disse que não queria participar de nenhum trabalho psíquico. O Tibetano lhe disse que os livros que ele esperava apresentar ao público por seu intermédio poderiam ser muito úteis aos outros. Ele lhe pediu para analisar a ideia durante um mês, e se, depois disso, ela ainda não quisesse trabalhar com ele, ele tentaria encontrar outra pessoa.[32]

Mais tarde, em sua autobiografia, Bailey disse que se esqueceu imediatamente de toda aquela experiência. Ela era mãe de três crianças pequenas naquela época, e estava ativamente envolvida com o trabalho da Krotona Theosophical Society na Califórnia. Quando o Tibetano entrou em contato com ela, um mês depois, ela expressou novamente seu desconforto com relação à ideia. Desconfiava muito do tipo de trabalho que lhe estava sendo pedido. Dessa vez, o Tibetano sugeriu-lhe que tentasse trabalhar com ele durante um mês para poder avaliar melhor a qualidade de seus ensinamentos.

Mas depois de tomar ditados pelo período de um mês, Bailey ainda assim se recusou a prosseguir com o trabalho. Ela ficou preocupada, pois, se esse trabalho acarretasse consequências adversas para ela, ninguém iria cuidar de suas filhas. O Tibetano sugeriu que ela contatasse seu próprio Mestre e discutisse a questão com ele. Bailey fez isso (nos planos interiores) e descobriu que, de fato, fora seu Mestre que sugerira esse projeto desde o início. Ele garantiu que esse trabalho não causaria mal algum a ela, e que suas filhas estariam bem cuidadas. Finalmente, ela concordou e continuou a trabalhar na série de instruções que, mais tarde, ficaria conhecida como o livro *Iniciação Humana e Solar*. Desde o início, o Tibetano disse que seu trabalho levaria trinta anos e, com efeito, começou em novembro de 1919 e prosseguiu até a morte de Bailey em dezembro de 1949.

Os livros do Mestre Djwhal Khul cobrem uma vasta gama de assuntos, inclusive ensinamentos sobre os sete raios, cura, astrologia, psicologia, iniciação, a Hierarquia, meditação e telepatia. Bailey anotava esses ensinamentos graças a um processo de telepatia mental que desenvolveu com o Tibetano. Depois, formulava os textos na linguagem apropriada e num inglês adequado para a época. Os livros não são, portanto, seus pensamentos e ideias. Todas as informações foram cuidadosamente revisadas e revistas pelo próprio Tibetano a fim de se assegurar de que refletiam precisamente sua intenção. O Tibetano afirmou que a cooperação de Alice Bailey foi inestimável para o trabalho que ele estava apresentando. Embora os livros fossem publicados com o nome de Alice Bailey como autora, ela nunca afirmou que os ensinamentos seriam dela.

Compreensivelmente, a forma pela qual os livros foram escritos causou muito interesse e dúvidas na mente de muitas pessoas ao longo dos anos. Quando Carl Jung, por exemplo, recebeu alguns livros com o material de Bailey, disse que não acreditava que tivessem sido transmitidos por um tibetano através do processo da telepatia mental. Achou que os textos eram fruto da mente subconsciente de Bailey, e que o Tibetano era a personificação de sua consciência superior.[33] Bailey, porém, conhecia a verdade. Ela respondeu que tinha escrito tratados completos sobre assuntos dos quais não tinha o menor conhecimento.

Dizem que o Tibetano é um dos mais eruditos dos Mestres, sendo às vezes chamado de "Mensageiro" por ter assumido a responsabilidade por trazer a lume os ensinamentos da Hierarquia como um todo. E embora boa parte dessa informação esteja claramente além da compreensão de muita gente até hoje, como mencionado, contém apenas uma fração dos conhecimentos do Tibetano. Bailey falava com espanto dos vislumbres de infinitos cenários de verdade espiritual que captava graças à sua colaboração com o Tibetano – verdade que ela não poderia conhecer de outra maneira, e de uma qualidade que ela não conseguiria expressar. O Tibetano também teria trabalhado com Helena Blavatsky na redação de *A Doutrina Secreta* e de *Ísis Sem Véu*.[34] Os livros indicam que, nas próximas décadas, haverá uma terceira fase ou continuação dos ensinamentos por meio de outro escritor.[35]

CAPÍTULO 3

VIDA APÓS VIDA

> ... cada vida não é apenas uma recapitulação da experiência da vida, mas é também um assumir de antigas obrigações, uma retomada de velhos relacionamentos, uma oportunidade para o pagamento de antigas dívidas, uma chance para a restituição e progresso, um despertar de qualidades profundamente implantadas, redescobrimento de velhos amigos e inimigos, a solução de injustiças revoltantes, e a explicação das coisas que condicionam o homem e fazem dele aquilo que ele é.
>
> Alice Bailey, *Esoteric Psychology*, Vol. I

A LEI DO RENASCIMENTO

Sempre que vem à tona, o tema da reencarnação costuma causar bastante discussão. Geralmente, ela é rejeitada veementemente por pessoas com postura materialista, que ridicularizam qualquer coisa fora dos limites de sua experiência individual. E os fundamentalistas rejeitam de plano qualquer visão de mundo que não corresponda a seus dogmas. Mas o indivíduo buscador e de mente aberta costuma reservar seu julgamento.

Um dos principais ensinamentos que a Nova Era trará é o esclarecimento sobre a Lei do Renascimento. Este ensinamento ajudará muito a elevar a consciência humana. Vamos compreender que toda ação gera karma – positivo ou negativo, dependendo da motivação qualificadora por trás da ação. Essa aceitação vai nos ajudar a trilhar com mais cuidado a senda da vida. Vamos entender que aquilo que plantarmos, será colhido, e "vamos colher aqui e agora, não num céu ou num inferno místico e mítico".[36]

Quando percebemos a natureza cíclica da vida, vemos que não há nada estático no universo – todas as formas estão mudando constantemente, recapitulando e evoluindo para estados ainda mais elevados de existência por meio de um incessante processo de vida, morte e renascimento. A evolução é a única constante – não há ponto final, meta suprema, último destino para atingirmos eventualmente e então descansarmos sobre nossas láureas.

Na verdade, cada um de nós é uma obra em andamento. Ao longo de muitas existências, repletas de alegrias e tristezas, cada um de nós teve a oportunidade de tecer uma complexa e bela tapeçaria com os materiais que nos foram dados, uma tapeçaria que reflete quem ou o que somos na essência. Vida após vida, polimos nossa natureza essencial, acrescentando novas cores e aprofundando os matizes existentes. Em cada vida, a alma se vale do fio condutor das atividades e associações passadas. E nesta jornada, há sempre obstáculos e desvios que podem nos retardar ou nos levar numa direção diferente. Às vezes, isso leva a pontos de crise e a períodos de indecisão e perda de clareza, o que pode fazer com que nos percamos durante algum tempo. Essas experiências devem fazer com que paremos, num interlúdio para reflexão a partir do qual damos o passo seguinte.

Naturalmente, o ensinamento sobre o renascimento não é nada novo. Foi aceito por muitas pessoas, especialmente no Oriente, ao longo de eras. Infelizmente, foi mal interpretado e distorcido. Algumas escolas de pensamento ensinam, por exemplo, que alguém que age de maneira errada numa vida específica pode ser forçado a reencarnar como animal ou inseto na próxima vida. Isso é uma distorção da lei que ensina que todas as formas de vida progridem para formas de consciência ainda mais elevadas. E embora haja uma dívida kármica (um preço a pagar) por uma ação errada, isso não acarreta a reencarnação no mundo animal.

Às vezes, as pessoas reagem aos ensinamentos sobre o renascimento entregando ao destino a sua vontade. Por exemplo, o arcaico sistema de castas que Gandhi tentou eliminar (e que ainda funciona em certas partes da Índia) era o resultado direto de uma má interpretação dessa lei. Esse conceito diz que como o caminho é longo e temos muitas vidas à nossa frente, devemos aceitar nosso destino e ficarmos contentes com a posição que ocupamos na vida. Pessoas que adotam essa atitude correm o risco de que outras tirem proveito de sua postura. É fato, claro, que uma vida é bem insignificante se observada da longa perspectiva da alma. Mas também é certo que cada existência e, na verdade, cada dia é uma oportunidade que pode ser espiritualmente significativa, dependendo do modo como vivemos. Assim, embora não seja preciso nos apressarmos, tampouco há tempo a perder – especialmente em épocas de emergência planetária, como esta em que vivemos.

Outro problema que pode obscurecer a compreensão da Lei do Renascimento deriva do estudo de vidas passadas. Embora seja natural a curiosidade sobre esse assunto quando começamos a aceitar a possibilidade da reencarnação, a maioria das pessoas tem apenas vagas lembranças do passado, e as informações apresentadas por terceiros costuma ser suspeita, sem ser passível de constatação.

Às vezes, traumas de vidas passadas ainda nos atormentam no presente. Todos nós passamos por experiências difíceis, não apenas nesta vida, como no passado. Esses acontecimentos podem contribuir para os temores, às vezes vagos, que surgem em nosso íntimo – medos que não conseguimos entender, pois estão relacionados com nossa experiência inconsciente. Às vezes, esses medos podem limitar nossa capacidade de expressar nosso eu superior, mas temos dificuldade para lidar com eles, pois são coisas intangíveis e vagas em nossa mente consciente. Porém, podemos criar problemas para nós mesmos tentando ir fundo no reservatório do subconsciente por meio de técnicas como regressão a vidas passadas, hipnose e atenção demasiada a nossos sonhos, coisas que podem evocar informações e piorar as condições que deveriam ser deixadas de lado. Se trabalharmos com profissionais muito hábeis, podemos até encontrar alívio por esses canais, mas é preciso muita cautela.

Há um motivo para que o passado fique isolado de nós, e é melhor respeitar a sabedoria da alma. Todos nós temos dons e talentos, desenvolvidos ao longo de muitas existências, que se tornaram o meio de superar as sombras – lançando-nos rumo à luz. Esses dons nos deixam livres para darmos o que temos para dar. Eventualmente, tudo nos será revelado, e teremos as ferramentas necessárias para descobrir a história do nosso passado e a perspectiva de nossas vidas futuras mas, até lá, devemos ficar satisfeitos com as informações fugazes que recebermos. Volta e meia, os sensitivos dão informações erradas, falando de vidas passadas em fama e glória, quando a verdade pode ser o contrário disso.

É comum, entre seguidores da Nova Era, ouvi-los dizer que não querem mais voltar ao plano terrestre. Dizem que passaram por muita dor e sofrimento, que pagaram suas dívidas. Mas a libertação da roda do renascimento não é fácil assim; se fosse, muitas outras pessoas já teriam atingido essa meta. O caminho do crescimento rumo à consciência espiritual é longo; são necessárias muitas e muitas vidas até conseguirmos ver a meta, que é apenas uma dentre tantas metas que se estendem à nossa frente, sem um fim.

Entretanto, o caminho é infinitamente mais complexo do que uma mera trajetória reta, através de uma longa série de vidas que nos transportam misteriosamente até a região dos reinos superiores. Mudanças de consciência dependem integralmente da natureza de nossos esforços e trabalhos individuais, realizando um ajuste fino da vida e da capacidade de perseverar e ficar firme em meio a tantos e inevitáveis obstáculos e sofrimentos. A mudança é lenta, e geralmente temos a impressão de que, quando damos um passo para a frente, no momento seguinte podemos ter de dar dois passos para trás. E é infinitamente mais difícil ainda atingir o nível de realização de um Mestre da Sabedoria.

Todos os grandes mestres passaram, assim como nós, pela roda do nascimento e da morte. Cada um deles foi fruto de uma longa série de vidas de disciplina e sacrifício que acabaram levando à realização de sucessivos pontos de iluminação sobre a interminável espiral que é o caminho de retorno. A natureza exigente desse caminho fica clara na definição do adepto: a "rara florescência de uma geração de buscadores".[37] Esta definição deve fazer com que paremos para aprofundar nossa compreensão sobre a verdadeira realização dos grandes mestres. Mas como nossa consciência tem limitações, não podemos compreender plenamente a diferença que existe entre os Mestres e nós mesmos – do mesmo modo como um animal é completamente incapaz de compreender as complexidades e sutilezas que formam um ser humano.

Os Mestres se esforçaram e abriram caminho para receber uma quantidade maior de luz, e Seu esforço deve nos inspirar a querer o mesmo, embora erremos muitas vezes ao longo da senda. Eles possuem uma compreensão maior da Lei de Renascimento do que nós, e podemos aprender com sua experiência e sua paciência. Eles compreendem melhor a relatividade do tempo e do espaço, e veem a vida e seus eventos com visão de longo prazo, aberta, e não segundo os limites de alguns anos ou de poucas existências. E, por isso, reservam seu julgamento. Seus comentários sobre os alunos, por exemplo, são feitos em longos intervalos. Eles não se preocupam com os pequenos detalhes da vida de seus alunos – com seus erros ou supostos êxitos

– e por isso deixam-nos livres. Os eventos são vistos de modo diferente quando se está na perspectiva dos planos interiores, e podemos começar a desenvolver essa perspectiva cultivando um senso de eterno em meio ao tumulto da vida cotidiana.

Buda e Cristo são modelos que todos devem seguir – Buda por causa da sabedoria de seus ensinamentos sobre desapego, discriminação e objetividade, e Cristo por causa de seu profundo sacrifício e seus ensinamentos sobre o amor cósmico. Na longa história de nosso planeta, ninguém progrediu tão rapidamente na senda como Cristo.[38] Mas em virtude da natureza deste ciclo planetário em particular, muitos indivíduos estão começando agora a evoluir num ritmo similarmente rápido. É como se o mero fato de estar vivo e animado proporcionasse, a muito mais gente do que antes, oportunidades espirituais sem precedentes.

Em última análise, a escolha de um desenvolvimento evolucionário rápido ou lento cabe a nós. Ninguém, nenhum mestre físico, guru ou sábio espiritual, pode fazer mais do que apontar um rumo. Tampouco um ensinamento pode nos influenciar ou mudarmo-nos em níveis fundamentais se não tivermos tomado certas decisões internas. Mas depois de tomarmos essas decisões, nada pode nos deter quando ficamos alinhados com nossa alma. Portanto, cada um de nós tem uma escolha: podemos seguir a rota longa e lenta de crescimento e desenvolvimento evolucionário normal, atingindo a meta mais cedo ou mais tarde ou, com nossos esforços individuais, podemos seguir o caminho do retorno consciente e entrar naquele "processo forçado" que vai nos levar até a luz com confiança e numa velocidade maior. A meta desse processo acelerado é a maior capacidade de servir. Cada um de nós tem, no íntimo, todos os recursos necessários para essa mudança. Só depende de nós.

MORTE: A GRANDE LIBERTAÇÃO

Um dia, vamos aprender que a morte não pode furtar
Qualquer coisa conquistada pela alma.

Rabindranath Tagore

A compreensão mais profunda da morte ajudará a levar a humanidade até a estrada que conduz à libertação. É por isso que certas pessoas, como líderes religiosos, têm receado esse conhecimento através da História, tentando mantê-lo oculto. Se a autoridade de nossa própria alma for reconhecida, isso reduzirá o cerco das autoridades externas, bem como seu poder. O desaparecimento dos véus que separam os mundos interior e exterior está causando uma lenta revolução no pensamento humano acerca da morte, e a aceitação da unidade essencial de todas as formas de consciência e estados da existência. Os ensinamentos tradicionais do cristianismo sobre a morte não nos satisfazem mais. Parece pouco provável, por exemplo, que um Deus amoroso e compassivo condene pessoas ao sofrimento eterno.

A perspectiva budista sobre a morte está mais alinhada com a realidade. Os budistas acreditam que o momento da morte oferece-nos uma oportunidade suprema. Com efeito, a tradição budista ensina que, sob certas perspectivas, toda nossa vida pode ser vista como uma preparação para o momento da morte, quando fica possível ocorrer uma grande expansão da consciência. Os ensinamentos budistas proporcionam um verdadeiro serviço em seu foco sobre a necessidade de preparação, ao longo da vida, para o momento da morte, mediante uma existência sensata, praticando o amor e a bondade e procurando estar pronto, a qualquer momento, para deixar este mundo com a consciência preparada. O mestre tibetano Sogyal Rinpoche apresenta, em seu livro *Tibetan Book of Living and Dying*, muitos *insights* sobre o processo da morte, além de fascinantes relatos sobre a morte de diversos monges budistas iluminados.

Hoje em dia, muitos não acreditam em qualquer forma de vida após a morte, e tendem a vê-la como pouco mais do que um longo sono. E, de certo modo, a comparação não está muito longe da verdade. Mas ela só se aplica, porém, se estudarmos o sono desde uma perspectiva mais profunda. Pois, na verdade, pouco sabemos sobre o sono além de seus aspectos psicológicos e de uma rudimentar compreensão dos sonhos. Mas o sono tem muito mais coisas do que supomos.

Os véus entre o mundo interior e exterior são formados por matéria etérica. Esses véus nos bloqueiam e nos protegem, durante nossa vigília consciente, de informações que ainda não somos capazes de assimilar. Todas as noites, porém, nós os atravessamos quando saímos do corpo e nos movemos livremente em outra dimensão da realidade. É desta dimensão que provêm nossos sonhos mais significativos, e dos quais podemos, às vezes, receber impressões ou lembranças fugazes e profundas, de uma realidade ulterior.

Em nosso período de sono, nosso espírito adentra esse mundo conhecido, com suas diversas atividades e responsabilidades. Trabalhamos com outras pessoas, algumas das quais talvez conheçamos e outras que não conhecemos em nossa vigília consciente. Podemos chamá-los de "irmãos de grupo". O trabalho que realizamos nos planos interiores é singularmente idealizado para maximizar nossos talentos e dons específicos, pois cada um de nós tem tarefas e atribuições a cumprir dentro do grande esquema geral, mas devemos cumpri-las junto de, e em estreita cooperação com, nossos irmãos de grupo. Esta associação estreita que tem lugar nas horas de sono costuma ser a responsável por aquela sensação de reconhecimento instantâneo que ocorre quando nos encontramos fisicamente com uma dessas pessoas pela primeira vez, por exemplo, como um novo colega de trabalho ou amigo. Embora o relacionamento nos pareça novo e intrigante naquele momento, é algo antigo e bem estabelecido em função do trabalho e das responsabilidades compartilhadas que já existiam nos planos interiores. A profundidade do vínculo interior é revelada com o tempo, à medida que a associação é feita no plano físico.

Para a maioria de nós, a morte é um mistério, e nossa falta de clareza com relação a ela é a causa de muita dor e sofrimento. Uma das maiores vitórias daqueles que tentam deter as forças da evolução em nosso planeta tem sido o fomento do medo da morte.[39] É muito grande o sofrimento desnecessário, tanto para o indivíduo que agoniza quanto para seus amigos e sua família, causado pelas concepções errôneas a respeito da morte. Paradoxalmente, o medo da morte distorce nossa vida. Fazemos o possível para prolongar a vida e, nesse processo, nossos valores são distorcidos por uma supervalorização da juventude. Foi erguida uma indústria imensa, ao custo de bilhões de dólares, em torno do desejo de afastar os inevitáveis e verdadeiros frutos da idade; a sabedoria acumulada, que seria nosso legado aos jovens, atrofia porque nossa atenção é desviada das coisas do espírito, e todos sofrem por causa disso.

Essa preservação do corpo a todo custo age de maneira particularmente nociva quando falamos dos modernos meios de lidar com a morte e com os moribundos. A profissão médica, divorciada de considerações espirituais, adota intermináveis procedimentos para prolongar vidas que, em muitos casos, deveriam simplesmente cessar, uma vez que não há mais esperança e o corpo e o cérebro estão obviamente deteriorados. Deixar as pessoas morrerem de maneira mais natural pouparia milhões de dólares em programas de saúde e evitaria incontáveis sofrimentos. Mas quando o assunto é a eutanásia, ficamos diante de uma situação delicada, principalmente porque não compreendemos as leis da morte e as intenções da alma. Quando pudermos compreender melhor as dimensões espirituais da vida, saberemos que a morte vem em seu momento, tão certa quanto o nascimento. É importante termos salvaguardas legais referentes à morte, mas o Tibetano escreveu: "Quando, porém, há um sofrimento terrível e absolutamente nenhuma esperança de ajuda ou de recuperação reais, e quando o paciente está disposto (ou quando a família estiver disposta, caso o paciente esteja muito doente), então, com as precauções adequadas, alguma coisa deve ser feita".[40]

O embalsamamento de corpos é outra prática nociva para as intenções da alma, pois impede o corpo etérico de realizar uma transição suave e fácil para os reinos superiores. Na morte, a conexão etérica com o corpo físico é cortada, sendo lançada no grande reservatório da vida. Quando o corpo é embalsamado, o processo de liberação é prejudicado. Por isso, a cremação é um meio muito mais saudável e espiritualmente correto de dispor de cadáveres. Além disso, o enterro continuado de corpos doentes está contaminando o solo do nosso planeta. Os ensinamentos da Sabedoria Perene afirmam que a sífilis (e por isso a AIDS, que é um derivado das doenças sifilíticas) tem, com efeito, origem extremamente antiga, e está realmente relacionada com essa contaminação do solo. Esse problema do solo poderia ser corrigido com a prática da cremação.[41]

A aparente separação provocada pela morte deve-se apenas a nossas limitações da consciência, às nossas percepções toscas, e não à realidade da situação. Quando estamos cuidando de uma pessoa agonizante e tentamos nos centrar na luz, ajudando-a a fazer o mesmo, auxiliamos a alma que se vai a fazer uma transição suave e sem medo. Tornamo-nos, assim, "parteiros" da morte. Mas ser eficiente nesse trabalho representa um desafio – um desafio que envolve a reorientação de nossas atitudes para com a pessoa que está morrendo e para com a própria morte. Quando compreendermos a falácia inerente às percepções distorcidas da morte, veremos que não existe uma separação real entre nós e aqueles que se foram.

Os moribundos não costumam sofrer com as limitações a que estamos habituados, pois estão indo numa nova direção. Geralmente, é o apego e o medo das pessoas queridas que "segura" as pessoas no plano terrestre, quando, na verdade, elas precisam sair e prosseguir rumo ao próximo plano da consciência. Faríamos um favor a nossos entes queridos se praticássemos o desapego e os ajudássemos em sua transição. Mesmo depois da morte, podemos continuar a ajudar os que partiram em seu período de transição. Leva tempo até que o processo da morte se complete e a alma abra mão de todos os seus veículos. Num futuro não muito distante, veremos a morte como o final triunfante da vida, e uma ocasião mais alegre do que um nascimento ou casamento.[42] Isso não significa que não sentiremos a falta dos amigos ou entes queridos. Mas deveríamos ficar felizes por eles e pela libertação que finalmente conseguiram, sabendo que um dia nos reuniremos novamente.

Devido ao progresso da tecnologia médica nas últimas décadas, cada vez mais pessoas têm relatado experiências de "quase morte". Esses relatos ajudaram muito a revelar informações sobre a morte. Algumas pessoas questionam a validade dessas experiências e se perguntam se aquilo que aconteceu realmente estava relacionado com a morte, ou se era apenas uma experiência alucinatória. Porém, em virtude da notável semelhança entre esses relatos, tem sido cada vez mais difícil ignorá-los. Relatos de quase morte estão ajudando bastante a eliminar o medo da morte, pois na imensa maioria das vezes a experiência é contada como uma bela e alegre libertação das restrições da vida material, além de propiciar uma reunião com mestres espirituais, amigos, entes queridos e animais de estimação. Quem ler o relato de Ken Wilber em *Grace and Grit*, onde ele fala da morte de sua esposa Treya, perceberá que sua experiência "espiritual" de morte proporcionou um grande alívio e até mesmo júbilo.

O mestre Tibetano apresenta alguns *insights* interessantes sobre a morte, e pode ser útil resumir alguns deles aqui. O ponto principal é que a morte não deve ser receada. Ela é regida pela lei dos ciclos, e ocorre em linha com as intenções da alma.

Ele nos pede para começarmos a pensar melhor no processo da morte. Com certeza, isso está acontecendo hoje com muita gente, especialmente aqueles que trabalham no movimento de cuidados paliativos e entre pesquisadores que estão começando a tentar abordar as experiências de quase morte de maneira mais científica. O resumo de comentários do Tibetano, apresentado a seguir, aplica-se aos casos em que um indivíduo sofreu e agora está à beira da morte sem esperança de recuperação.

A morte e o sono são processos diferentes; na morte, removem-se os dois cordões de energia – aquele que está preso pela cabeça, chamado de cordão da consciência, e o outro, conhecido como cordão da vida, ancorado no coração. Enquanto dormimos, só é removido o cordão da cabeça. Sabemos que a preparação para a morte é um processo que leva a vida toda. O principal meio de preparação que podemos adotar é tentar controlar nossa natureza emocional e orientar a mente para coisas espirituais.

Os pontos indicados a seguir vão ajudar aqueles que estão à beira da morte. A primeira sugestão é manter silêncio no recinto onde está o leito de morte. Embora o moribundo pareça inconsciente, a consciência está presente. O silêncio permite que a alma que se vai tome conta do corpo e faça as devidas preparações para a transição para a morte. Sugere-se o uso de luzes alaranjadas, que facilitam a saída do corpo físico, pois a cor laranja é benéfica para a cabeça. Além disso, certos tipos de música podem ser usados para ajudar no processo de abstração, bem como a pressionar certos centros nervosos e artérias. Algumas dessas técnicas foram preservadas nos livros tibetanos sobre a morte.

Frases mântricas também podem ser usadas pelas pessoas que se encontrarem no recinto e, se possível, pela própria pessoa que está à beira da morte. Recomenda-se que a Palavra Sagrada seja entoada num tom ou nota musical que provoque uma resposta do paciente agonizante. Sugere-se ainda que o alto da cabeça aponte para o Leste, e que pés e mãos fiquem cruzados. Só deve ser queimado incenso de sândalo, e não se permite incenso de nenhum outro tipo, pois o sândalo é o incenso do primeiro raio, o raio destruidor, que ajuda a transição para a morte.[43]

*****

Suicídio

A compreensão errônea sobre a morte é particularmente trágica quando analisamos o suicídio. O stress psicológico da vida contemporânea costuma deixar as pessoas incapazes de administrar o caos que sentem em suas próprias mentes, e que se reflete à volta delas no próprio planeta. Às vezes, quando a pessoa não vê sentido na vida, quando sente uma aridez espiritual, quando a crise que a confronta parece não ter solução, o pensamento da morte parece um alívio bem-vindo. E a sociedade descartável na qual vivemos se estende até ao descarte do próprio dom da vida.

Sabe-se muito pouco sobre as consequências do suicídio. Se essas consequências fossem mais bem compreendidas, e se fossem adotadas alternativas espirituais, seria pouco provável que as pessoas adotassem esse caminho. De acordo com os ensinamentos espirituais, para a alma a intenção de tirar sua vida é tão danosa quanto tirar a vida de outrem. A alma tem a responsabilidade de decidir o momento em que sairá da forma física, e o suicídio interfere com essa responsabilidade, ocasionando uma dependência kármica. Por mais que seja compreensível, o suicídio não é uma opção para o alívio dos sofrimentos. Não proporciona solução ou alívio para os problemas da vida e, na verdade, só os agrava. Embora seja fato que o corpo físico não sofre após a morte, a angústia emocional e mental continua com a mesma intensidade, pois esses corpos ainda existem durante algum tempo após a liberação da vida no plano físico. No momento da morte, o indivíduo se vê lançado a um reino astral que, segundo dizem, é ainda mais aprisionador do que as tortuosas condições do plano físico que levaram à adoção dessa medida drástica.

As vítimas de suicídio precisam de nossas preces e de nossa compaixão. Manter a alma iluminada pode ajudar a vítima e seus entes queridos nesse momento difícil. É possível que o conhecimento sobre a Lei do Renascimento, por rudimentar que seja, ajude as pessoas que pensam no suicídio; é por isso que esse ensinamento é um primeiro passo muito importante no caminho da compreensão espiritual. Quando as pessoas entendem a lei espiritual e que o alívio não será encontrado caso sigam aquela rota, provavelmente se sentirão menos propensas a dar esse passo drástico.

*****

O ensinamento da Lei do Renascimento e as novas atitudes com relação à morte serão vitais para a mensagem que o novo mestre irá trazer. Hoje, muitos sabem que esse ensinamento também foi parte importante das lições que Cristo apresentou, há 2 mil anos, mas que foram expurgadas do *Novo Testamento* nos séculos seguintes pela Igreja Católica. O ensinamento sobre o renascimento ajudará muito a esclarecer e a aprofundar a compreensão da humanidade acerca do verdadeiro sentido da vida. Quando esse ensinamento for mais bem compreendido pela humanidade, muita dor e sofrimento deixará de existir. Toda a ideia da senda será compreendida como um meio de libertação e saída dos entraves do plano físico. Com uma compreensão mais profunda da vida, vamos perceber que somos responsáveis por nossas ações e que, em essência, não existem segredos, sejam dos outros, sejam nossos próprios. Nosso senso de responsabilidade para com os demais vai se aprofundar em função disso, e seremos mais gentis e amáveis uns com os outros.

Compreender melhor a morte qualifica a Hierarquia e suas ações – de maneira que alguns buscadores espirituais têm dificuldade para aceitar. A Hierarquia não é, por exemplo, uma organização pacifista. Isso não significa que alguns de seus membros sejam favoráveis às guerras ou que não se manifestem contra a evidente injustiça e a insensata perda de vidas que caracteriza a maioria das guerras, mas seu senso expandido de consciência dá-lhes a sabedoria para perceber que, às vezes, a morte e a destruição se fazem necessárias para o cumprimento do Plano, especialmente em épocas de transição.

A Hierarquia, por exemplo, não concordou com as organizações pacifistas formadas durante as duas guerras mundiais. A perda de vidas em sacrifício por uma causa superior é uma ação nobre, e às vezes necessária. Eles sabem que a morte envolve apenas uma separação aparente e que, com efeito, faz parte do plano da alma. Mas temos a impressão de que hoje a humanidade está atingindo um ponto do seu desenvolvimento evolutivo no qual as guerras e as armas deveriam ser usadas apenas por uma força independente e internacional de manutenção da paz, sob os auspícios de uma organização como as Nações Unidas. Mais cedo ou mais tarde, a guerra vai se tornar obsoleta. Nesse meio-tempo, nenhum país deveria poder ser o xerife do mundo, dizendo a outros países como eles devem agir ou não.

CAPÍTULO 4

AS ENERGIAS DOS SETE RAIOS

DEFINIÇÃO DOS RAIOS

O ensinamento sobre os sete raios é uma das "novas verdades" que caracterizarão a era vindoura, proporcionando uma compreensão aprofundada sobre muitos aspectos da vida. Os sete raios, com sua vibrante e colorida energia cósmica, são as vibrações dentro da matéria, do espaço e da forma que definem todos os objetos, todos os seres e todos os eventos manifestados. Emanando de grandes e distantes estrelas da Ursa Maior, eles fluem e são filtrados por diferentes constelações até chegarem ao nosso Sol e aos planetas de nosso sistema solar, atingindo finalmente todas as formas de vida. A influência dos raios condiciona planetas, nações e indivíduos, bem como os reinos animal, vegetal e mineral. Dão a todas as coisas suas cores e notas vibratórias específicas, suas qualidades singulares e suas semelhanças. O ensinamento sobre os raios proporciona uma imagem energética da criação e da vida em todos os níveis da existência. Apresenta um meio de explicar complexos relacionamentos entre todas as coisas, espirituais e materiais; e proclama sua unidade e interligação.

A seguir, vemos, em termos gerais, uma breve lista dos raios.

Primeiro Raio: A energia da Vontade, do Propósito ou Poder. É a essência do poder, da energia e da direção. Caracteriza-se por intensidade, dinamismo e rapidez.

Segundo Raio: A energia do Amor-Sabedoria, frequentemente chamado de Amor de Deus. É o raio da sensibilidade e da intuição. Este é o grande raio dos ensinamentos.

Terceiro Raio: A energia da Inteligência Ativa, chamada de Mente de Deus. É o raio da busca da verdade, com a intenção da manifestação.

Quarto Raio: A energia da Harmonia através do Conflito. É o raio dos extremos, da experiência das montanhas e vales. Este raio estimula a criatividade, a discriminação e a rápida percepção mental.

Quinto Raio: A energia do Conhecimento ou Ciência Concreta, tão poderoso em nossa época.

Sexto Raio: A energia da Devoção ou Idealismo, produzindo as atuais ideologias.

Sétimo Raio: A energia da Ordem Cerimonial, produzindo as novas formas de civilização. A energia deste raio expressa a fusão entre espírito e matéria.[44]

Ou, dito de outra forma:
- 1º Raio – Força – Energia – Ação – O Ocultista.
- 2º Raio – Consciência – Expansão – Iniciação – O verdadeiro Psíquico.
- 3º Raio – Adaptação – Desenvolvimento – Evolução – O Mago.
- 4º Raio – Vibração – Resposta – Expressão – O Artista.
- 5º Raio – Mentalização – Conhecimento – Ciência – O Cientista.
- 6º Raio – Devoção – Abstração – Idealismo – O Devoto.
- 7º Raio – Encantamento – Magia – Ritual – O Ritualista.[45]

A aplicação psicológica da hipótese dos raios é especialmente interessante porque proporciona uma estrutura prática de energia para a compreensão da constituição de indivíduos e grupos. Os raios de uma pessoa, quando determinados, estudados e compreendidos, vão proporcionar a esse indivíduo, ou a seus conselheiros ou terapeutas, uma poderosa ferramenta de crescimento espiritual. De certo modo, o ensinamento sobre os raios é semelhante aos sistemas de classificação que foram popularizados pelos médicos gregos Hipócrates e Galeno, e aplicados depois pelo filósofo Kant. Em tempos mais recentes, sistemas similares foram popularizados por pensadores como Rudolf Steiner, Carl Jung e George Gurdjieff.

O ensinamento sobre os sete raios é diferente daqueles apresentados por esses sistemas anteriores, pois baseia-se em princípios científicos que, mais cedo ou mais tarde, serão sujeitos à comprovação e corroboração, quando os mecanismos para medição das frequências vibratórias forem aperfeiçoados e a visão etérica for desenvolvida. Esses desenvolvimentos estão sendo realizados agora, garantindo aos raios um lugar central em futuras pesquisas psicológicas. Os raios podem ser reunidos em dois grupos – as linhas de força ímpares e as pares. Os raios de numeração ímpar, primeiro, terceiro e sétimo (o quinto raio tem sua própria categoria) relacionam-se mais com o aspecto da forma e com coisas materiais. Essa linha de raios tem orientação "positiva" ou iniciadora e masculina, do ponto de vista da polaridade. Os raios segundo, quarto e sexto, os raios pares, estão mais relacionados com a vida interior, pois funcionam pelo veículo da forma. Essa linha de raios tem natureza mais abstrata, e lida com a expressão espiritual. Sua polaridade é "negativa" ou receptiva e feminina.

O sistema de categorização em raios é mais complexo do que os sistemas de classificação relacionados acima, pois cada indivíduo é uma "mistura" da energia de cinco raios, além de estar sujeito às energias que entram em jogo através do horóscopo. Sete energias primárias combinam-se para dar a cada um de nós nossa cor e qualidade predominante: o raio da alma, o raio da personalidade e as influências dos raios sobre os corpos mental, emocional e físico, bem como as poderosas influências que emanam do signo solar e do signo ascendente. Há ainda a energia do raio monádico, que se expressa num estágio avançado de desenvolvimento espiritual e que, por vezes, pode ser sentida e invocada em momentos de crise individual e planetária. Há certas regras na análise de raios que geralmente são aplicadas, mas nem sempre. Como essa ciência ainda está em vias de desenvolvimento, temos de nos manter fluidos e com a mente aberta em nossa abordagem desse fascinante tema de estudos.

Os raios dos veículos da personalidade podem mudar de uma encarnação para a seguinte, ajudando-nos a afinar e a enriquecer a experiência da alma, pois cada raio tem fraquezas e talentos que precisam ser assimilados de uma vida para outra. A influência dos raios sobre o nível da alma costuma manter-se a mesma, embora, em algum ponto do caminho, esses indivíduos cujo raio da alma está na linha dos atributos (quarto, quinto, sexto ou sétimo raios) passem para um dos raios de aspecto (primeiro, segundo ou terceiro raios). Essa mudança deve se ajustar bem antes do começo da terceira iniciação. Geralmente, vê-se que a influência do raio da personalidade de uma encarnação anterior (às vezes chamado de raio legado) pode exercer forte influência sobre a vida atual, e ocasionalmente essa influência pode causar certa confusão no processo de análise dos raios.[46] A meta da evolução é a mescla gradual e a "usurpação" das energias dos raios inferiores dos veículos de personalidade pelo raio da alma.

No estágio específico de desenvolvimento no qual muitos buscadores se encontram, somos fortemente tingidos pelo raio da personalidade. Quando jovens, ainda estamos no processo de "apropriação" de nossos veículos, e as energias mais baixas atuam, dificultando a visão clara de nossos próprios raios. Os raios só começam a brilhar quando nos integramos sob a influência de nossa alma e do raio de nosso veículo mental. O raio da alma brilha particularmente quando prestamos serviços, área na qual podemos nos valer de sua força. A combinação dos raios da alma e da personalidade é que nos tornam quem somos e o que somos, em síntese. Essa combinação de energias é que costuma reunir pessoas que vibram sob a mesma influência – a mesma "cor", por assim dizer. Relacionamentos particularmente harmoniosos serão mantidos entre pessoas que respondem aos mesmos raios de personalidade e da alma – ocasião em que encontramos uma amizade duradoura ou um casamento bem-sucedido e feliz.[47] Mas esses relacionamentos, embora sejam confortáveis, por um lado, podem não ter a oportunidade de aprendizado que surge por meio de associações com outras pessoas numa linha diferente. Pessoas que vibram com o mesmo raio da alma estão unidas num nível de compreensão que tem a natureza de um ashram. Esses relacionamentos desafiam explicações racionais e, quaisquer que sejam os obstáculos externos, resistem ao teste do tempo e do espaço, e se fortalecem de uma vida para outra.

Hoje, vemos que a energia de raio que qualifica a mente também é um poderoso fator de condicionamento na constituição dos raios de muitas pessoas, pois a humanidade está ficando cada vez mais polarizada nesse nível. De modo geral, o corpo mental é encontrado no primeiro, quarto ou quinto raios, embora um corpo mental do terceiro raio também seja razoavelmente comum. Buda tinha uma mente do sexto raio, que o Tibetano descreve como "um fenômeno muito raro".[48] Quando a mente se ilumina, a energia do raio começa a brilhar e a nos tingir de maneira poderosa. Geralmente, uma energia de raio mental similar atrai as pessoas em projetos de serviço; elas pensam de modo semelhante e, por isso, compreendem-se e conseguem cooperar muito bem umas com as outras. Quando se consegue determinar o raio mental, normalmente é possível situar com facilidade os outros raios.

O corpo emocional ou astral é outra influência poderosa em nossa vida, e costuma causar problemas, tanto para indivíduos como para grupos. Este veículo costuma ser colorido pelo segundo raio e pelo sexto raio, embora seja frequente um corpo astral do primeiro raio em pessoas que se dedicam seriamente a seguir a senda espiritual. A energia do corpo emocional é fluida como água, e se agita facilmente por nossas reações aos eventos da vida e a outras pessoas, bem como por fatores dentro do ambiente. É por isso que todos nos pedem para "lidar drasticamente" com o veículo emocional e, sempre que possível, transmutar sua influência sobre nossa vida, tornando-o um veículo pelo qual as energias do amor divino e da inspiração criativa podem fluir. O veículo físico costuma ser encontrado no terceiro e no sétimo raios, embora não seja incomum um veículo físico do primeiro raio.

OS TIPOS DOS SETE RAIOS

A descrição dos tipos de raios apresentada a seguir foi parcialmente extraída do livro de Alice Bailey *Esoteric Psychology, Vol. I*. Embora descreva basicamente a energia condicionante do raio da alma, também descreve a energia da personalidade, que geralmente são similares. É fácil confundir as duas, considerando equivocadamente a energia da alma como sendo a da personalidade, ou vice-versa. Além disso, se houver a influência "dupla" da energia de certo raio condicionando a personalidade, o corpo mental, astral ou físico, isso pode destacar a cor desse raio na expressão da vida. E, como mencionado, o raio do veículo mental nos condiciona poderosamente; Cristo, por exemplo, que tinha alma do segundo raio e personalidade do sexto raio, tinha ainda uma forte influência do primeiro raio graças à energia que controlava seu veículo mental, que era do primeiro raio.

O primeiro raio da vontade ou poder

Os indivíduos do primeiro raio recebem a oportunidade de trabalhar com a energia da vontade espiritual. Como escreveu o Tibetano: "É uma tarefa nobre, meus irmãos, sermos canais para a vontade de Deus".[49] Essas pessoas sempre têm grande força de vontade, seja boa ou não. As pessoas na linha desse raio sempre "aparecem na frente" em sua profissão ou área de atuação, pois são líderes natos. São pessoas nas quais podemos confiar, defensoras dos fracos e oprimidos, lutando contra a opressão e a injustiça. Sua abordagem diante das coisas é destemida, e são absolutamente indiferentes a comentários. Em indivíduos onde o aspecto do amor está ausente, esse tipo de raio pode criar pessoas extremamente cruéis e de natureza bruta.

Como exemplos de indivíduos do primeiro raio, teríamos Blavatsky, Napoleão e Churchill. O mundo ocidental tem uma dívida de gratidão com o Sr. Churchill por sua coragem e visão, que foram vitais para chamar a atenção do mundo para o nazismo numa época em que outros estavam hesitantes e fracos. Napoleão era uma combinação do primeiro raio e do quarto raio, o que certamente contribuiu para seu grande destemor e para a inspiração e confiança que despertava em suas tropas.

O segundo raio do amor e sabedoria

Este é o raio daqueles que buscam a sabedoria e a verdade a fim de reparti-la com outros, como seu meio de serviço. É o raio do mestre espiritual, como o Buda (que trabalhou segundo o aspecto de sabedoria desse raio) e o Cristo (que incorporou o aspecto do amor). Sobre esse raio, disse o mestre Tibetano: "O estudante que vive sob este raio está sempre insatisfeito com suas maiores realizações; não importa o tamanho do seu conhecimento, sua mente ainda está fixa no desconhecido, no além, e em alturas que ainda não foram escaladas".

As pessoas do segundo raio possuem sensibilidade e costumam ser bons conselheiros (no sentido amplo da expressão), compreendendo as pessoas e tendo uma resposta simpática para suas dificuldades. Sua tônica é o amor, e com o desenvolvimento desta qualidade, elas podem se tornar um centro magnético de energia luminosa para seu ambiente. Na parte mais baixa da espiral, as pessoas deste raio podem ser vítimas fáceis da autopiedade e da dependência. Podem se apegar demais às reações dos outros, bem como àquilo que fazem ou dizem. Uma das principais lições do segundo raio parece ser o desapego, enquanto o tipo do primeiro raio costuma precisar de algum "apego", no sentido da capacidade de se expressar mais aberta e facilmente. O tipo do primeiro raio acha tão desagradável a exteriorização que normalmente muitos o interpretam mal, em virtude da aparente austeridade de seu caráter.

O defeito do indivíduo que vive no aspecto de sabedoria do segundo raio é morar na torre de marfim, dentro da proteção e da segurança de seus livros e de suas abstrações, fazendo ouvidos moucos para os gritos da humanidade. Se tal indivíduo não repartir sua sabedoria com os demais, pode ser vítima do egoísmo, que é sua linha específica de menor resistência. Então, a mente domina a bondade do coração e o indivíduo vive uma vida infeliz, ou muitas vidas, conforme o caso. O tipo do segundo raio encontra sua força na expressão e doação de si mesmo para os demais. Como exemplo de indivíduos do segundo raio, teríamos o próprio Tibetano, Alice Bailey e o 14º Dalai Lama.

O terceiro raio da mente superior

Sobre o indivíduo do terceiro raio, o Tibetano disse o seguinte:

Este é o raio do pensador abstrato, do filósofo e do metafísico, do homem que se compraz na matemática superior mas que, a menos que seja modificado por algum raio prático, teria problemas para manter suas contas com precisão. Sua faculdade imaginativa será muito desenvolvida, ou seja, com a força de sua imaginação, ele pode captar a essência de uma verdade; seu idealismo costuma ser forte; ele é um sonhador e um teórico e, com sua visão ampla e grande cautela, ele vê todos os lados de uma questão com igual clareza.

O mundo está em dívida para com as realizações intelectuais de pessoas que seguem a linha do terceiro raio. Seu conhecimento profundo e compreensão intelectual ajudaram muito a moldar nosso mundo. Muitos indivíduos do terceiro raio também trabalham com finanças e economia, geralmente dedicando sua atenção a ocupações cívicas e a causas humanitárias. Muitos escritores têm ênfase no terceiro raio, e dizem que, se for combinado com o quinto raio, temos um mestre da pena. Personalidades contemporâneas do terceiro raio poderiam ser o escritor Ken Wilber e o economista Jeffrey Sachs, arquiteto das Metas de Desenvolvimento do Milênio.

O quarto raio da harmonia através do conflito

Este raio foi caracterizado como o "raio da luta". A respeito desta luta, o mestre Tibetano escreveu:

Tamas [o aspecto da inércia] induz o amor pela facilidade e pelo prazer, a aversão a causar dor, que pode levar à covardia moral, à indolência, à procrastinação, ao desejo de deixar as coisas como estão, de descansar e de não pensar no amanhã. Rajas [o aspecto da atividade] é fogoso, impaciente, sempre ansioso para agir. Essas forças de natureza contrastante tornam a vida do homem do quarto raio uma guerra permanente e sem descanso; o atrito e a experiência conquistados podem produzir uma evolução muito rápida, mas esse homem pode tanto ser um inútil quanto um herói.

Os homens (e as mulheres) do quarto raio adoram música, e muitos músicos têm a forte presença do quarto raio em sua constituição. As almas do quarto raio não estão ativas nesta época porque esse raio não está se manifestando, mas são muitas as personalidades do quarto raio; elas procuram trazer à tona as energias da nova era, pois esse tipo de pessoa tem habilidade para criar pontes entre o passado e o futuro, o velho e o novo. O personagem Hamlet, de Shakespeare, o indeciso e sofrido poeta e príncipe, era uma figura arquetípica do quarto raio. Uma pessoa contemporânea representativa do quarto raio pode ser o poeta e músico Bob Dylan.

O quinto raio da mente inferior

O indivíduo desta linha de raio

terá intelecto agudo, grande precisão nos detalhes, e fará esforços incansáveis para localizar a fonte até dos menores fatos e para constatar a validade de todas as teorias. Geralmente, é extremamente sincero, sempre com explicações lúcidas para os fatos, embora possa ser às vezes pedante e cansativo, pois insiste em minúcias verbais triviais e desnecessárias. Será organizado, pontual, profissional, e não gosta de receber favores ou elogios.[50]

A energia deste raio, juntamente com a do sétimo raio, condicionam a pesquisa científica. A nítida impessoalidade desta energia de raio, mentalmente polarizada, contribuiu muito para o mundo com a busca da verdade em áreas como a ciência e a filosofia. Muitos físicos do planeta têm se esforçado para unir os mundos sutil e material. São crentes no verdadeiro sentido da palavra – pois suas crenças são desprovidas de sentimentos, e vivenciadas pela penetração das dimensões internas da realidade. De diversas maneiras, são modelos para o trabalho em grupos.

O sexto raio da devoção

Este é o chamado raio da devoção. Em sua manifestação "superior", o indivíduo do sexto raio se caracteriza por uma intensa procura da verdade e, quando trabalha num modo "inferior", mais destrutivo, exibe o fanatismo em seus diversos disfarces. O Tibetano caracterizou esse indivíduo da seguinte maneira:

> Tudo, segundo ele, ou é perfeito, ou é intolerável; seus amigos são anjos, seus inimigos o oposto disso; sua visão, nos dois casos, não é formada pelos méritos intrínsecos dessas classes, mas pelo modo como as pessoas o atraem ou não, ou pela simpatia ou falta de simpatia que têm por seus ídolos favoritos, sejam eles concretos, sejam abstratos, pois ele tem muita devoção, que pode ser por uma pessoa ou por uma causa.[51]

Dois poderosos exemplos de pessoas que trabalharam sob este raio seriam Paramahansa Yogananda e Martin Luther King Jr.

O sétimo raio da ordem ou magia cerimonial

Este é o raio do indivíduo que se deleita com todas as coisas feitas de maneira decente e organizada. Um indivíduo deste raio seria um general brilhante, um ótimo escultor, um financista, um arquiteto, um coreógrafo ou um sacerdote. Isso não significa que todas as pessoas que trabalham nessas profissões pertencem ao sétimo raio, mas que sua influência costuma caracterizar o tipo de trabalho realizado nessas áreas. Juntamente com o segundo raio, o sétimo raio é a energia que mais se ocupa com a cura. Como este raio está se destacando no mundo, estamos testemunhando uma explosão de interesse em modalidades de cura alternativa, bem como progressos nas tecnologias de pesquisa médica.

O sétimo raio também proporcionou o impulso por trás da revolução nas tecnologias de comunicações. A energia do sétimo raio facilita a "espiritualização" da substância, e o indivíduo do sétimo raio sabe como trabalhar de maneira adorável com essa substância de luz dourada. Na constituição dos raios de uma pessoa, o sétimo raio forte indica um indivíduo muito organizado, um "mestre dos detalhes", capaz de se desincumbir com justiça e equanimidade das responsabilidades que lhe foram atribuídas. Essa pessoa pode realizar suas metas no plano físico de maneira organizada e eficiente. Exemplos de indivíduos do sétimo raio seriam Marie e Pierre Curie e George Balanchine.*

*****

Geralmente, a compreensão dos raios é uma questão de percepção intuitiva e se desenvolve gradualmente ao longo do tempo. Às ve-

---

* Balanchine (1904-1983) foi um dos maiores coreógrafos do século XX, e um dos fundadores do New York City Ballet (N. do T.).

zes, vemos que, por estar na presença de uma pessoa, podemos nos sintonizar com suas energias e os raios se revelam para nós. Também podemos descobrir coisas sobre os raios por meio de pessoas que, de algum modo, dominaram essa ciência e estão dispostas a repartir suas impressões conosco. Elas podem nos ajudar a compreender as sutilezas da análise de raios e como identificar características que qualificam a energia de certo raio, atuando por intermédio de determinado veículo. Naturalmente, essa ainda não é uma ciência exata, e não podemos saber com certeza se nossas conclusões estão corretas. Quando lidamos com o tema dos raios, é importante manter a mente aberta e pensarmos por conta própria. Às vezes, porém, também é verdade que outras pessoas podem nos ajudar a ver os raios com maior objetividade e distanciamento e, obviamente, é prudente levar em conta suas impressões. Com o tempo, nosso conhecimento se aprofunda, e talvez tenhamos de reavaliar nossas conclusões anteriores.

Muito se pode aprender com os raios com o estudo dos livros do Tibetano, especialmente *Discipleship in the New Age, Vols. I & II* (nos quais ele apresenta as energias dos cinco raios condicionantes para cada indivíduo de seu grupo, bem como uma série de cartas que podem nos ajudar a compreender a psicologia dos indivíduos envolvidos) e a série de cinco volumes *A Treatise on the Seven Rays* e *The Destiny of the Nations*. Os raios não devem ser vistos sob a perspectiva de livros de receitas. Embora seja essencial termos ao menos os rudimentos da análise dos raios, é importante levar em conta que somos moldados por diversos fatores: os raios, influências astrológicas, o poderoso condicionamento do raio que provém do país onde nascemos e da nossa herança genética, além do nosso estado evolucionário, encarnações anteriores, créditos e débitos kármicos, citando apenas alguns. Todos esses fatores se combinam para colorir cada um de nós.

Um dos modos mais fáceis de começar o estudo dos raios é a análise dos raios das nações, conforme apresenta o livro *The Destiny of the Nations.* Desse modo, começamos a compreender os raios através das lentes das nações e de seus povos, e as pinceladas amplas que lhes dão cor. Todos têm na mente o temperamento russo, e como ele se distingue do francês e do italiano. Quando estudamos as cores dos raios de diferentes nações e povos do mundo, podemos aprender muita coisa. Cada nação possui um raio da alma e da personalidade, tal como as cidades do mundo e, refletindo sobre essas qualidades, aprimoramos nossos conhecimentos.

Como mencionado, os fatores astrológicos também têm um papel importante no modo como nos "colorimos", e é por isso que o livro *Esoteric Astrology* está incluído nos ensinamentos sobre os raios. Dizem que a astrologia é a "maior e mais antiga de todas as ciências", uma ciência que deve ser levada de volta à sua beleza e verdade originais, revelando assim o Plano.[52] O ensinamento sobre a astrologia esotérica envolve um novo método de interpretação que está surgindo nesta época. Do ponto de vista esotérico, a energia do signo ascendente está relacionada com o destino da alma em qualquer encarnação específica, e com seu raio; o signo solar revela a natureza da encarnação atual e o segredo do raio da personalidade; e o signo lunar indica o passado e as dívidas que trazemos de encarnações anteriores. A análise astrológica esotérica é uma ciência incrivelmente complexa e poderosamente sintética. Dizem, por exemplo, que um Mestre pode dar uma olhada num mapa astrológico esotérico e ter uma impressão cristalina acerca do ponto exato de desenvolvimento evolucionário da pessoa nele representada.

O estudo dos raios e da astrologia auxiliará, no futuro, os psicólogos que desejarem compreender melhor a natureza humana. Por enquanto, porém, esta ciência ainda está em sua infância, e será preciso o esforço conjunto dos indivíduos dispostos a trabalhar com essas informações para levá-la cada vez mais perto do âmbito convencional da investigação psicológica. Quando as energias dos raios condicionantes forem mais bem compreendidas, os psicólogos poderão trabalhar de maneira mais eficiente. Em vez de focalizarem apenas traumas passados e condicionamentos infantis, começarão a trabalhar cientificamente com o poder da alma que pode curar fendas com precisão e alinhar a personalidade com seu destino mais elevado. Técnicas de meditação usando sons e cores de acordo com os diferentes raios, aplicadas por aqueles que têm vislumbre espiritual, podem ajudar bastante no processo de integração. A integração entre alma e personalidade é a chave, a *raison d'être*, de todo o campo da psicologia espiritual ou esotérica.

CAPÍTULO 5

A ILUSÃO E OS SETE RAIOS

> Nenhum *glamour*, nenhuma ilusão pode reter por muito tempo o homem que se impôs a si mesmo a tarefa de trilhar a Senda do fio da navalha que conduz através da selva, através da mais densa floresta, através das águas profundas da aflição e do sofrimento, através do vale do sacrifício e sobre as montanhas da visão, até o portão da Libertação. Ele pode viajar às vezes na escuridão (e a ilusão das trevas é muito real); ele pode viajar às vezes numa luz tão ofuscante e confusa que mal pode ver o caminho à sua frente; ele pode saber o que significa hesitar na Senda e cair, fadigado do serviço e da luta; ele pode perder-se temporariamente e vaguear pelos atalhos da ambição, do interesse pessoal e dos encantos da matéria, mas o lapso será apenas breve. Nada no céu ou no inferno, na terra ou em qualquer outro lugar pode impedir o progresso do homem que despertou da ilusão, que vislumbrou a realidade além da ilusão do plano astral, e que ouviu, ainda que somente uma vez, o toque de clarim de sua própria alma.
>
> Alice Bailey, *A Treatise on White Magic*

A CONDIÇÃO PLANETÁRIA DA ILUSÃO

Todos nós enfrentamos muitos desafios no caminho do desenvolvimento, alguns em nosso íntimo (condicionados por nossa combinação particular de raios) e outros, aparentemente, apresentados por nosso ambiente. É útil lembrar que, no caminho, nada fica oculto, e a cada volta precisamos nos defrontar com nós mesmos.[53] O indivíduo sábio, portanto, vê o mundo como se estivesse num espelho.

Ao percorrer esse caminho de autorrealização, defrontamo-nos continuamente com situações que parecem conspirar para nos deter e nos prender à "roda do renascimento". Esses obstáculos assumem muitas formas diferentes, e podem servir de bases de crescimento caso aprendamos com eles. Nos ensinamentos da Sabedoria Perene, nossos defeitos, nossos pontos cegos, são chamados de *glamours*, em inglês, ou ilusões, condições que tapam e ocultam a luz.

O Tibetano define o *glamour* como uma "alucinante, enganosa e ilusória forma de energia que procura desviar e enganar o neófito, que é atraído por ela por antigos hábitos e velhos controles".[54] Cada um de nós está sujeito a muitas formas de ilusão, que resultam de diversos fatores. Essas ilusões impedem nossa capacidade de ver com clareza. Até superarmos esses velhos controles, viveremos e trabalharemos num estado de potencial limitado. O processo de dissipação da ilusão é um desenvolvimento progressivo; quando suas formas mais evidentes são erradicadas, ficamos sujeitos a manifestações cada vez mais sutis.

Nesta época, nosso planeta sofre sob o peso da mais negativa condição de ilusão de todos os tempos. É algo definido, substancial. Todo o planeta está coberto por algo que pode ser descrito como uma espessa camada de névoa e neblina astral, composta por todas as qualidades negativas da natureza humana – a separatividade, o egoísmo e os desejos materiais que caracterizam os aspectos inferiores da vida no plano físico. Dizem que a natureza dessa névoa é tão densa e espessa que praticamente impede a própria vida. Mas dentro dessa condição negativa, a humanidade vive e se movimenta – vendo a vida segundo uma perspectiva distorcida, fora de esquadro.

Portanto, não é por acaso que hoje a vida está tão difícil, e que tanta gente sofra e se perca no caminho, pois estamos literalmente cegos devido às condições atuais. A maioria de nós está tão acostumada com essa situação negativa, tão envolvida pelos véus desse mundo e pelos confins de nossas percepções limitadas, que nem sequer nos damos conta de como ela nos afeta.[55] Felizmente, muitos estão começando a despertar e a ver a situação com mais clareza. As mudanças que acontecem atualmente em nosso planeta acabarão levando a uma drástica melhoria nessa condição, e por isso as gerações futuras não terão de viver sob seu domínio, tendo, assim, vidas mais livres e felizes.

Cada raio está sujeito a determinadas ilusões ou limitações.

Primeiro Raio

Fraquezas: autocentrismo, ambição, complexo messiânico no campo da política, isolamento, orgulho, distanciamento, imposição da vontade pessoal sobre outras pessoas ou grupos.

Qualidades a adquirir: ternura, humildade, simpatia, tolerância, paciência.

Segundo Raio

Fraquezas: ama ser amado, complexo messiânico no campo da religião, atitude que impede ações corretas, autopiedade, sensibilidade exagerada e serviço egoísta.

Qualidades a adquirir: amor, compaixão, altruísmo, energia.

Terceiro Raio

Fraquezas: manipulação, críticas, ardiloso, frieza, falta de precisão nos detalhes, distração.

Qualidades a adquirir: simpatia, tolerância, devoção, precisão, sensatez.

Quarto Raio

Fraquezas: amor à harmonia voltada para o conforto pessoal, desejo da paz a qualquer preço, autocentralização, preocupação, vaga percepção artística, paixões intensas, falta de coragem moral.

Qualidades a adquirir: serenidade, confiança, autocontrole, pureza, precisão.

Quinto Raio

Fraquezas: orgulho, crítica, arrogância, excesso de confiança com base em ponto de vista limitado.

Qualidades a adquirir: devoção, simpatia, amor, mentalidade aberta.

Sexto Raio

Fraquezas: devoção, apego, idealismo, ciúmes, conclusões precipitadas, fúria, lealdade pessoal, sentimentalismo.

Qualidades a adquirir: força, autossacrifício, pureza, verdade, tolerância.

Sétimo Raio

Fraquezas: magia sexual, preconceito, orgulho, estreiteza, vaidade, julgamentos superficiais.

Qualidades a adquirir: mentalidade aberta, tolerância, humildade, gentileza e amor.[56]

À medida que acumulamos virtudes com o uso da técnica "e se", vamos nos vendo cada vez mais fortes sob a energia condicionadora de nosso raio da alma. Com a falta de atenção, nossas fraquezas começam a se esconder em nossa consciência.

TIPOS DE ILUSÃO

A seguir, uma breve lista de alguns dos mais óbvios obstáculos ao crescimento espiritual que por vezes surgem diante dos buscadores de todos os sete raios:

Desejo

O incessante desejo de possuir e de obter aquilo que não temos tem sido uma das mais poderosas forças motrizes da evolução humana. Em seu nome, homens e mulheres têm vivido, amado e até morrido. Ele levou a incontáveis sofrimentos e desesperos, pois as pessoas muitas vezes sacrificaram suas mais elevadas e nobres intenções – sua própria humanidade – para satisfazer a insidiosa teia do desejo. Todos nós conhecemos bem o desejo, pois todos já desejaram muitas coisas.

Às vezes, é o desejo que nos leva a agir e proporciona uma catálise para a mudança, mas ele não consegue dar a felicidade duradoura, pois baseia-se em coisas efêmeras. Buda ensinou as limitações de uma vida calcada em desejos, e maneiras de evitá-los. No Ocidente, talvez estejamos finalmente prontos para ouvir sua mensagem, o que é evidenciado pela popularidade dos ensinamentos budistas. Embora tenhamos tantas coisas, sabemos também que bens materiais não podem nos dar a felicidade duradoura. Buda ensinou que o desejo é a raiz de todo sofrimento, e que quando abrimos mão das coisas do mundo, pouco a pouco começamos a encontrar a felicidade que procuramos.

A mensagem básica do Buda estava contida num texto que ficou conhecido como as Quatro Nobres Verdades. Essas Verdades afirmam que:

1. A existência no universo dos fenômenos é inseparável do sofrimento e da dor.
2. A causa primária do sofrimento é o desejo pela existência no mundo dos fenômenos.
3. A cessação do sofrimento é produzida pela erradicação de todos os desejos de existência neste universo dos fenômenos.
4. O caminho para a cessação do sofrimento consiste em percorrer o Nobre Caminho Óctuplo, pelo qual expressamos a compreensão correta, as intenções corretas, a palavra correta, a conduta correta, a ocupação correta, o esforço correto, a atenção correta e a concentração correta.

Talvez essas Nobres Verdades pareçam uma estrada difícil de se trilhar, minando a alegria da existência. Podem parecer árduas e sérias demais, exigindo sacrifícios em demasia de cada um. Mas essa reação seria a percepção errônea da mensagem essencial de Buda, pois esse é um caminho compassivo, um caminho de amor e bondade, como demonstrado por Sua Santidade, o décimo quarto Dalai Lama. A impressionante demonstração de interesse pelo budismo no Ocidente demonstra que esse ensinamento encontrou atualmente uma ressonância profunda em muitos buscadores, um reflexo da dimensão da fome espiritual deste planeta. Seguir as Nobres Verdades e o Caminho Óctuplo serve de incentivo para procurarmos e encontrarmos a felicidade numa fonte mais elevada e mais profunda, baseada na busca de verdades mais duradouras.

O Buda ensinou a usar a mente para cobrir a lacuna entre o irreal e o real através do estado de união que é o yoga, o elemento que junta todas as coisas. Ele forjou o antahkarana a partir de sua própria substância e trouxe a luz do céu. Tornou-se um condutor da eletricidade dando a mão para si mesmo e, com habilidade, cortou o egoísmo que fazia com que a energia sofresse um curto-circuito. Buda destruiu as barreiras artificiais que nos prendem ao passado e nos projetou rumo ao eterno Agora. Ele fez isso, segundo disse, recordando-se de uma experiência da infância na qual sentiu a mais pura alegria, que veio espontaneamente enquanto ele brincava sob um jambeiro florido. Ele se lembrava da sensação sublime que surgia sem esforço na época em que ele era livre, aberto e inocente. Depois, ele usou essa recordação para se libertar para o Agora, e procurou ensinar o modo de libertar do sofrimento e do apego todos aqueles que quisessem seguir seus passos, provocando, em sua época, a iluminação de muitos. Ele não se satisfazia com doutrinas e fórmulas que não funcionavam e procurou, em seu íntimo – e dependendo apenas de si mesmo – percorrer o caminho que levava à libertação.

Medo

> Com determinação, e porque o mundo grita pedindo ajuda, por que você não afasta o medo e vai em frente com alegria e coragem na direção do futuro?

> Alice Bailey, *Esoteric Psychology, Vol. I*

O medo é outra qualidade que prejudica muita gente. Ele é tão difuso que poucos não o apresentam de uma maneira ou de outra, mas, por ser tão disseminado e tão próximo de nós, cegamo-nos aos diversos modos pelos quais ele nos atrapalha. Temos medo de tantas coisas – fracasso, sucesso, doença, velhice, mudanças, amor, perda do amor, sexo, autoexpressão e muitas condições relacionadas com a família, especialmente com os filhos. Mas quando sucumbimos ao medo, limitamos nossa capacidade de viver e de amar livremente; colocamos uma cortina entre nós e a vida, e agimos de maneira contrária a nosso eu superior.

A incapacidade de dominar o medo é um dos principais fatores que impedem muitos indivíduos de dar um passo importante em seu desenvolvimento espiritual. Portanto, é útil observarmo-nos de perto, para descobrirmos nossos medos e encará-los de frente. Alice Bailey aconselhava as pessoas a fazerem aquilo que sua voz interior as levava a fazer, mesmo que isso significasse a perda de amigos. Ela era uma pessoa corajosa, mas teve muitos medos – e muitos amigos!

As qualidades a serem cultivadas no corpo astral e que levam à redução do medo são óbvias – calma, tranquilidade, serenidade e quietude. O que não é muito óbvio é o meio de chegar a esses estados. O Tibetano disse que poderíamos dominar o medo por meio das seguintes ações:

- Pela observação constante de todo desejo, motivação e gosto, enfatizando aqueles que são de ordem superior.
- Pela tentativa, constante e diária, de entrar em contato com o eu superior, refletindo seus desejos na vida cotidiana.
- Por meio de períodos diários e bem definidos almejando a quietude do corpo emocional.[58]

Essa ilusão condiciona poderosamente os indivíduos que estão na linha do segundo raio de energia.

Orgulho e condições correlatas

Outros problemas relacionados com o desenvolvimento mental são o orgulho e o excesso de críticas. Essas condições corrompem o serviço que poderíamos prestar. Como mencionado, é o orgulho do intelecto, tão forte no mundo ocidental, que resultou na presente condição, na qual a mente se tornou a assassina do nosso eu superior, nosso melhor eu. Alice Bailey dizia que se lembrava muito bem de ter sido orgulhosa numa encarnação anterior, tendo aprendido uma valiosa lição em função da experiência que a permitiu livrar-se quase totalmente dessa condição, algo que dificilmente se consegue. Ela disse que o exemplo dos Mestres deve nos manter humildes, pois, em comparação com suas realizações, qualquer coisa que possamos fazer é, na verdade, bem insignificante.

O cultivo da humildade e o conselho do *Gita* sobre "abrir mão do ganho" são antídotos para essas condições, pois nos oferecem uma perspectiva mais verdadeira a nosso respeito e de nossas circunstâncias. O Tibetano lembra que a humildade não está relacionada com um complexo de inferioridade, mas com uma visão realista e equilibrada de nós mesmos, baseada em fatos, em evidências e na pressão do tempo: o *fato* da Hierarquia (que coloca toda realização humana dentro de uma perspectiva); uma visão do Plano e do papel que nós e nossos colegas podemos desempenhar nele; e a aceitação de que, nestes tempos de emergência, teremos de trabalhar com fluidez, com a sempre presente necessidade de "modificar, qualificar e adaptar" nosso trabalho. Essas qualidades devem resultar num "sentido ajustado da proporção correta",[59] permitindo-nos ver a vida e seus acontecimentos com um desapego apropriado.

O cultivo da humildade por indivíduos com forte presença do primeiro raio em seu equipamento lhes permitiria trabalhar de maneira mais eficiente a serviço do Plano.

Interesse espiritual por si mesmo

Hoje, outro problema que encontramos é o evidente interesse que muitos buscadores espirituais têm por si mesmos. Ele assume diversas e variadas formas, mas pode ser descrito, em termos amplos, como a qualidade que leva as pessoas a situar o serviço a si mesmo acima do serviço à humanidade. Esse caminho conduz a um engarrafamento do qual é difícil escapar, e produz uma espécie de miopia espiritual. Hoje, muita gente percebe que há sempre outra lição para estudar, outro retiro a fazer, outra dieta especial a seguir ou guru a visitar – e a lista fica infindável. E embora essas atividades possam ser muito úteis, sob diversos aspectos, geralmente tornam-se o principal foco de interesse, deixando pouco tempo para qualquer outra coisa enquanto o indivíduo fica envolvido consigo mesmo.

A importância do corpo físico está em seu refinamento, que leva, paradoxalmente, à capacidade de transcendê-lo, fazendo dele um veículo pelo qual podem fluir energias do eu superior. Atualmente, muitas pessoas e grupos estão ajudando a propiciar esse refinamento por meio da atenção a exercícios físicos, a dietas e aos milhares de alternativas de cura que estão florescendo no mundo. O cultivo de corpos físicos mais saudáveis é um importante aspecto do treinamento espiritual. Mas o corpo só precisa da atenção necessária para mantê-lo em bom funcionamento, deixando-nos livres para fazer outras coisas.

A Meta

Disse-lhes que chega uma época em que o iniciado sabe que não existe mais o plano astral. Ele desapareceu para sempre, foi-se. Mas quando o iniciado se libertou do reino da ilusão, da névoa, da bruma e do encantamento, e ficar sob a límpida e fria luz do plano búdico ou intuitivo, ele chegará a uma grande e básica compreensão. Ele saberá que precisa voltar aos "mares" que deixou para trás, e lá, dissipar a ilusão. Mas agora ele opera desde "o céu lá em cima e em plena luz do dia". Ele não mais se debate nas ondas ou mergulha nas águas profundas. Acima do mar, ele flutua no oceano de luz, e despeja essa luz nas profundezas. Assim, ele leva as águas para o deserto e a luz divina para o mundo das brumas.

Alice Bailey, *The Rays and Initiations*

Qualquer que seja nossa posição no caminho, todos nós temos limitações que nos impedem de nos aprofundarmos na luz. Uma das tarefas de todo mestre, seja este a alma, seja um indivíduo mais avançado que nos tem sob sua orientação, é ajudar-nos a descobrir a natureza de nossas ilusões ou "pontos cegos" particulares, qualidades que normalmente nos recusamos a aceitar e que, por isso, projetamos sobre os demais. Uma das dificuldades da natureza humana é nossa aparente incapacidade de enfrentar e de dar atenção a esses aspectos ainda não trabalhados de nós mesmos. Todos nós *somos míopes* em alguma área da vida; temos defeitos, limitações, inércia e sombras. Se continuarmos sempre a nos retrairmos em defesa própria quando a vida e as circunstâncias procuram chegar até nós, vamos ficar sempre enclausurados dentro de nós, perdendo a oportunidade que nos está sendo oferecida para prosseguirmos na senda. Se, por outro lado, vivermos sob a nuvem de uma constante autodepreciação, muito preocupados com o pequeno eu, perderemos de vista a totalidade.

O que nos pedem os mestres que estão diante de nós é que observemos a vida e as situações segundo uma óptica mais profunda. Pedem-nos que estejamos prontos para descobertas inesperadas a nosso respeito e dos outros. Como escreveu o Tibetano: "Uma das primeiras lições que o discípulo precisa aprender é aquilo que ele acha que é mais forte, e onde ele encontra mais satisfação, geralmente é o ponto de maior perigo e fraqueza. Volta e meia, as condições astrais são invertidas; daí a ilusão que pode afetar o discípulo".[60]

O fato de muitos buscadores espirituais chegarem a admitir a existência da ilusão em suas vidas é um passo muito grande no caminho. A maioria das pessoas não tem essa percepção, e "diviniza" suas ilusões como bens prezados e arduamente conquistados.[61] Qualquer sucesso que consigamos para nos libertarmos da ilusão abre caminho para aqueles que virão depois, tornando seu caminho mais fácil. Este é o Grande Serviço.

Há técnicas espirituais específicas, apresentadas pelo Tibetano, que podem ser usadas por indivíduos e grupos para ajudar na tarefa de dissipar a ilusão. Elas fazem parte da seção final de seu livro, *Glamour: a World Problem.*

CAPÍTULO 6

A TRANSFERÊNCIA DA ENERGIA DOS RAIOS

OS RAIOS E O MUNDO

Os raios, como mencionado, condicionam todas as formas de vida, não apenas a humana. Grandes e poderosas influências dos raios circulam incessantemente, manifestando-se e deixando de se manifestar, condicionando nosso mundo durante centenas de anos em cada ocasião. A Sabedoria Perene contém informações sobre os raios que controlam cada civilização, e podemos aprender muito com esse estudo da história esotérica do nosso planeta. Mas talvez a coisa mais importante que podemos tentar compreender sobre os raios seja a poderosa mudança que está acontecendo agora. Em qualquer período da história, há sempre um número de influências dos raios condicionando todas as formas de vida, mas geralmente há uma energia de raio que se destaca no controle. Hoje, estamos passando de uma civilização governada pelo sexto raio para uma condicionada pelo sétimo.

A saída do sexto raio de devoção ou idealismo

Sob a influência da Era de Peixes, que se vai, a energia do sexto raio, ou raio de devoção ou idealismo, tem sido a energia predominante. Este raio começou a perder a influência no ano de 1625, mas ainda é a influência condicionadora mais poderosa no mundo, e muita gente está intensamente sob sua influência.[62] Ao longo de centenas de anos, os raios fazem ciclos de manifestação, ora ativos, ora inativos.

No decorrer de sua manifestação, a qualidade energética de um raio se altera. Quando a energia começa a perder sua influência e chega ao término de seu longo ciclo de manifestação, suas qualidades começam a se cristalizar, fazendo com que os aspectos negativos dentro de suas formas manifestadas e atitudes condicionantes fiquem mais aparentes. Ao mesmo tempo que a influência de um raio se cristaliza e deixa de se manifestar, vai surgindo a influência de outro raio. Isso aumenta a tensão sobre o planeta, especialmente quando as energias dos raios mudam ao mesmo tempo que mudam as eras zodiacais, tal como está acontecendo hoje em dia. Esta situação está criando uma "polarização", pois algumas pessoas se apegam à influência do passado e outras respondem mais rapidamente às novas energias que surgem. Isso cria o "campo de batalha" básico entre os tipos conservadores e progressistas que vemos hoje no mundo.

Uma das expressões mais elevadas da energia do sexto raio é o impulso religioso. Foi essa influência que ajudou a difundir os ensinamentos religiosos de Buda, de Cristo e de Maomé durante seu ciclo de influência. Ele estimulou a aspiração da humanidade na direção da verdade e da libertação espiritual. Agora, porém, quando esta influência começa a esvanecer, vemos suas manifestações mais baixas, que chamamos de fundamentalismo, tomando conta de muitos aspectos da vida.

O problema do fundamentalismo se estende além da ameaça física do terrorismo, e inclui atitudes arraigadas do nível emocional. O aspecto fanático da influência evanescente do sexto raio se manifesta especialmente nos indivíduos ou nações cuja psicologia individual é poderosamente condicionada pelo sexto raio. É importante lembrar que só recebemos informações sobre os raios de alguns países. Alguns dos países influenciados pela energia do sexto raio são os Estados Unidos, a Rússia, a Itália e a Espanha (embora devamos recordar que o sexto raio governa os EUA e a Rússia no nível da personalidade, enquanto a Itália e a Espanha têm almas do sexto raio).[63] Às vezes, a influência do sexto raio pode levar a um idealismo cego e à arraigada tendência de tentar impor seus pontos de vista aos outros.

Quando estudamos os raios, fica claro como as manifestações superior e inferior da energia de qualquer raio se assemelham. Isso dificulta uma visão clara dos acontecimentos nesta época de cristalização das energias. Volta e meia, podem ser apresentadas falsas verdades – ou meias verdades – de maneira a convencer as pessoas com uma retórica aparentemente nobre. Isso ficou especialmente claro na Alemanha durante a ascensão do Fascismo, tal como vemos hoje nos movimentos fundamentalistas cristão e muçulmano.

A chegada do sétimo raio de magia cerimonial

Nesta época, há a influência de um novo raio que se manifesta, o Sétimo Raio da Ordem Cerimonial. Este raio começou seus ciclos de existência em 1675.[64] Sua energia se mistura excepcionalmente bem com a energia de Aquário, que também está entrando em cena, e essa combinação resultará na mais ampla iluminação da consciência.[65] O sétimo raio está sintonizado com a energia do plano físico, com a matéria, e isso resultará em muitas mudanças nas formas de nossa civilização e numa maior capacidade de "abrir espaço" e de incorporar a manifestação espiritual na criação física. Na Era de Peixes que finda, a consciência se afastou da forma, e o corpo físico e o chamado "mundo material" foram rejeitados e considerados impedimentos para o desenvolvimento espiritual. Essa postura, e a sensação de "pecado" que resultou dela, criou muitas dificuldades para as pessoas. A repressão de muitas reações humanas naturais levou a oscilação atual ao outro extremo. Atualmente, vemo-nos numa sociedade na qual a forma e os aspectos materiais da vida estão sendo levados a novos níveis. Dessa oscilação entre os polos, chegaremos a um eventual equilíbrio.

O sétimo raio que chega agora leva muitos indivíduos a encarnações fortemente condicionadas por essa influência – especialmente nos níveis da alma, da personalidade e/ou físico. São os pioneiros que estão moldando a nova era com suas novas formas e novas ideias. O sétimo raio cria o lugar onde "o mais alto e o mais baixo se encontram". Pode ocorrer a fusão e a mescla entre espírito e matéria, com a consequente infusão direta da Vontade espiritual na humanidade, criando sínteses e a sensação de completude no mundo.

Sob a influência do sexto raio, a abordagem diante do caminho espiritual foi mística e reverente, tratando primariamente da devoção ao mestre. A maneira de tratar a espiritualidade vai mudar drasticamente com a influência do sétimo raio, e assumirá uma coloração que pode ser considerada mais "científica". O místico lida primariamente com as energias do coração, enquanto o novo tipo de trabalhador espiritual procurará mesclar a energia do coração com a da mente, resultando num tipo mais proativo de espiritualidade.

No passado, a espiritualidade ficou divorciada do mundo, e havia uma tendência, entre os buscadores espirituais, de se afastarem do mundo material para a realização de suas metas. Hoje, muita gente percebe, cada vez mais, que o caminho espiritual deve ser realizado no mundo, geralmente nas cidades, as "selvas do Ocidente", onde ele vai mudar e se adaptar para atender às diferentes necessidades e níveis de consciência das pessoas desta época. O buscador ocidental é que vai acabar aperfeiçoando a prática do raja yoga – um ensinamento oral que foi transcrito há milhares de anos por um grande mestre indiano chamado Patanjali. Essas técnicas de raja yoga são conhecidas como "a ciência imperial da mente", e por meio delas o cérebro do praticante pode se tornar iluminado pela energia da alma. As técnicas de raja yoga incluem, ao mesmo tempo que superam, todas as outras formas de yoga.

A transferência da energia dos raios na época atual é especialmente difícil por causa dos chakras, ou centros de energia, envolvidos.

A energia de cada raio funciona por meio de um centro específico do corpo, e o estimula. No caso do sexto raio, a energia funciona pelo plexo solar e estimula esse centro ligado especificamente à natureza emocional. É um centro muito poderoso para a humanidade, e seu estímulo é um dos motivos pelos quais o mundo está nesse estado de crise, com fortes desejos e emoções que se manifestam por todos os lados. O sétimo raio está ligado ao chakra do sacro, o centro relacionado com a sexualidade. Este é um dos motivos pelos quais a sexualidade humana está sendo tão estimulada neste momento. Todo o planeta está envolvido numa crise de estímulos nestas duas áreas básicas da vida, criando uma dinâmica muito difícil.[66] A solução dos problemas atuais só pode começar a se dar quando a humanidade aprender a usar a mente para esclarecer e dispersar as poderosas energias que nos controlam nos níveis físico e emocional.

CAPÍTULO 7

DINHEIRO: O XIS DA QUESTÃO

POR QUE ESTAMOS AQUI?
para a World Trade Organization Summit, Seattle, 1999

Porque o mundo que imaginávamos, aquele
com o qual sempre contamos, está desaparecendo.
Porque o sol tornou-se canceroso
e o planeta está ficando mais quente.
Porque há crianças famintas à sombra
de iates e reuniões de cúpula econômica.
Porque já há aviões demais no céu.

Este é o mundo manufaturado
que você codificou e produziu.
Viemos lhe dizer
que queremos comprar outra coisa.

Aquilo que queremos, o dinheiro não reconhece mais,
como a vitalidade da natureza, a integridade do trabalho.
Não queremos madeira mais barata, queremos árvores vivas.
Não queremos frutas feitas por engenharia genética, queremos ver e
cheirar
a comida que cresce em nossa própria vizinhança.

99

Estamos aqui porque uma voz dentro de nós,
uma memória em nosso sangue, nos diz
que você não é apenas um bem de consumo, você é a ponta cega
de uma onda escura que se esqueceu de sua fonte.
Estamos aqui para defender e homenagear
aquilo que é real, natural, humano e básico
enfrentando essa crescente onda de cobiça.

Estamos aqui por insistência do espírito e pela autoridade da
natureza.
Se você duvidar, por um minuto que seja, do poder da verdade
ou do primado da natureza
experimente não respirar durante esse mesmo período.

Agora você conhece a pressão do nosso desejo.
Não estamos aqui para brincar com suas leis.
Estamos aqui para mudá-lo de dentro para fora.
Isto não é um protesto político.
É uma insurreição da alma.

Anônimo

RUMO A UM MUNDO SUSTENTÁVEL

Essa súplica anônima, nascida da angústia de um momento e da experiência de uma vida, reflete a preocupação de muitos que percebem a imensidão do desafio e a oportunidade que se apresenta diante de nós neste momento. O sucesso de nossos esforços para construir um futuro sustentável vai definir não apenas os anos que se seguem, mas as gerações que virão. Nosso fracasso levará irrevogavelmente à continuidade da dominação daqueles que buscam metas egoístas e míopes, e à nossa eventual destruição. Agora é a época de superar os intermináveis debates sobre questões relativamente triviais (táticas usadas para retardar e distorcer), e buscar implementar as medidas pelas quais anseiam todas as pessoas de boa vontade, das quais depende nossa sobrevivência. Nós, os povos do mundo, chegamos a um ponto no qual não podemos mais esperar que nossos líderes e governos mexam nos pratos da balança, pois o atual equilíbrio é delicado. Já se passou tempo demais. É hora das pessoas, por meio da força coletiva de uma opinião pública esclarecida, responsabilizar os líderes e realizar nossa visão de um mundo melhor.

Em função da complexidade crescente dos acontecimentos globais, é importante nos mantermos informados e ativos, continuando a cultivar o desapego, a não agressão e a simplicidade necessárias, qualidades e contribuições que têm definido os buscadores através dos tempos. O Tibetano nos urgiu a cultivar a paz diante do conflito, a força na fadiga e a persistência apesar da saúde debilitada.[67] Ele disse que, normalmente, nosso progresso se dá apesar das condições atuais, e não por causa delas. Somos instados a manter controle sobre a pulsação do planeta, sabendo que só assim podemos ser os árbitros da mudança e do redirecionamento que desejamos.

Atualmente, o problema mais premente é o evidente desequilíbrio econômico que está na raiz de todos os outros. A questão da repartição e redistribuição econômica é *o* problema, pois seu impacto afeta todas as outras áreas da vida. A distribuição correta da energia monetária do mundo é, em essência, o xis da questão no que diz respeito à mudança e ao trabalho de reconstrução necessários em todas as áreas da vida em nosso planeta. De certo modo, o problema parece ser simples, mas na verdade é tudo menos isso. Recentes tendências econômicas levaram à ampliação da lacuna entre os ricos e os pobres, tanto dentro de países como entre eles.

Vivemos num mundo onde 2,5 bilhões de pessoas vivem com menos de US$ 2 por dia; um bilhão não tem acesso a água limpa; um terço da população global vive sem eletricidade; morrem 30.000 crianças por causa da pobreza, todos os dias, e outras 30.000 de doenças que poderiam ser evitadas – totalizando 22 milhões de mortes desnecessárias todos os anos. O resultado positivo dessa situação é que ela deu origem ao desenvolvimento sustentável e a muitas outras iniciativas. Embora tenha havido progressos nos países em desenvolvimento, grande número de pessoas ainda vivem em pobreza extrema, ao mesmo tempo que países desenvolvidos continuam a gastar um trilhão de dólares a cada ano na produção de armamentos, e metade das cem entidades mais ricas do mundo sejam corporações.

A meta do crescente movimento de desenvolvimento sustentável é melhorar a vida de todas as pessoas, em todos os lugares, sem consumir os recursos do planeta além de sua capacidade de reposição, equilibrando o livre mercado global e assegurando maior acesso à tecnologia de comunicações entre pessoas e nações. Há pessoas reunindo-se em grupos de trabalho e marchas de protesto numa tentativa de verbalizar suas preocupações e de exigir mudanças. Elas estão procurando definir e articular um novo conjunto de valores que inclui a democracia, a sustentabilidade ambiental, a igualdade social, direitos humanos, diversidade cultural e biológica, e habitação adequada. Esse trabalho está relacionado com problemas extremamente complexos em áreas como relações trabalhistas, mão de obra terceirizada e imigração. Pessoas que trabalham nessas áreas estão tentando resolver os problemas superando o interesse pessoal em nome do bem comum. Estamos vivendo numa época em que são necessárias novas dinâmicas, uma época em que muitas pessoas estão percebendo que são, de fato, cidadãos globais ou planetários, formando alianças pelo bem de todos, sabendo que, em última análise, estarão trabalhando em benefício de todas as partes envolvidas. Os antigos paradigmas da nação-estado individual, invocando seu direito de agir unilateralmente, deve dar lugar a uma autoridade maior, coletiva.

Os ensinamentos da sabedoria preveem que estamos nos aproximando da época em que haverá uma ampla reestruturação de toda a ordem econômica mundial, graças à intervenção de um grupo de indivíduos muito poderosos que se manifestarão para reorientar a atual distribuição desigual dos recursos mundiais, passando-os para o controle de um corpo internacional que irá garantir sua distribuição uniforme. Esse grupo está tomando forma neste momento.

DINHEIRO PARA O TRABALHO ESPIRITUAL

O maior obstáculo para a realização do trabalho espiritual também está na falta de dinheiro para levá-lo a termo. Todos sabem que o dinheiro existe, mas o problema é direcioná-lo para fins espirituais. O crescente impulso das energias aquarianas levará eventualmente à livre e plena circulação da energia monetária do mundo, mas neste período intermediário, ela ainda é escassa. A Sabedoria Perene ensina que todas as formas de vida estão interligadas e conectadas por meio de uma vasta rede de relacionamentos. Essencialmente, não existe separação, não há o meu e o teu. Mas nossas atitudes para com o dinheiro têm tornado a humanidade separada e dividida, deixando grandes porções do planeta, literal e figurativamente, no escuro.

Do ponto de vista espiritual, o dinheiro é entendido como uma forma materializada de energia – uma substância dourada, "iluminada", que está se tornando cada vez mais fluida e "líquida". Essa mudança está tendo implicações profundas para todos nós. Quando o dinheiro se afasta do peso de seu estado cristalizado anterior, fica livre para fluir em novas direções, coerentes com seu destino espiritual superior como "a consolidação da adorável energia viva da divindade". Neste sentido, ficamos sabendo, pelos ensinamentos, que "quanto maior a compreensão e a expressão do amor, mais livre será o fluxo daquilo que é necessário para levar a termo a obra".[68] Tradicionalmente, o dinheiro tem sido usado para atender a necessidades individuais e familiares e para a satisfação do nosso desejo egoísta; ao entrarmos na Era de Aquário, ele começará a ser usado para atender a necessidades coletivas e mundiais, e como instrumento de boa vontade e de relações humanas adequadas.

Vivemos num mundo em que quantias imensas são gastas em itens não essenciais ou de luxo, enquanto milhões de pessoas morrem de fome e muitas outras têm fome de verdades espirituais. Se uma fração do dinheiro do mundo fosse direcionada para atender às necessidades materiais e espirituais da humanidade, poderia fazer muito para melhorar as condições atuais.

De certo modo, o dinheiro é o sangue, a essência de qualquer projeto, e sem ele o trabalho atrofiaria e morreria. Entretanto, não é preciso uma grande campanha para angariar fundos; o foco deveria recair sobre a disseminação de ideias. O dinheiro percorre avenidas magnéticas e vibrantes, passa por ideias que traduzem autenticidade e que, por isso, despertam uma resposta rápida na mente e coração das pessoas. Conceitos tirados dos ensinamentos da Sabedoria Perene, embora antigos, ainda são pouco conhecidos do público em geral, e é preciso dinheiro para disseminá-las pelas massas da humanidade. As pessoas têm fome de alguma coisa na qual podem acreditar, de sentir esperança e de ter expectativas para o futuro. Assim, a tarefa consiste em idealizar um meio de apresentar as ideias, de modo que as pessoas as compreendam e respondam a elas.

Tradicionalmente, parte do problema do custeio de obras espirituais está no fato de que alguns buscadores espirituais concentraram seus interesses em coisas tão distantes do plano material que o dinheiro e o meio de administrá-lo mal entra em suas listas de prioridades ou de interesses. Isso cria um problema, pois esse aparente distanciamento do mundo, essa falta de interesse por questões práticas, costuma torná-los incapazes de atrair o dinheiro necessário para darem continuidade a seu trabalho. Com isso, desenvolveram-se muitas atitudes negativas com relação ao dinheiro ao longo dos séculos, prejudicando o trabalho que precisa ser feito neste momento tão crucial da história do planeta. Portanto, começar a examinar nossas atitudes e nosso senso de responsabilidade pessoal com relação ao dinheiro que flui por nossas mãos é um exercício valioso, pois assim poderemos começar a enxergar claramente as maneiras pelas quais estamos contribuindo para a situação atual.

A relação da humanidade com o dinheiro está mudando sob a influência da energia do sétimo raio, que começa a se fazer sentir. Está aparecendo uma nova espécie de trabalhador espiritual: indivíduos que sabem lidar bem com o plano físico, que dispõem de todas as habilidades e recursos que pessoas e organizações mais mundanas usam para comercializar seus produtos, dedicando-se, porém, a questões espirituais. Mais cedo ou mais tarde, sob a maré cheia do impulso aquariano, haverá uma mescla entre espírito e matéria e a livre e plena circulação da energia monetária do mundo. E há técnicas espirituais que podem contribuir para esse processo. Elas envolvem o uso da vontade espiritual por grupos de indivíduos que estão vivendo vidas em sacrifício, nada pedindo para si mesmos e dando tudo o que podem para o trabalho que precisa ser feito. Com isso, criam um canal para o suprimento que se faz necessário. É a combinação entre a necessidade, o desejo ardente de atender a essa necessidade e o conhecimento seguro de que ela pode ser atendida, que irão liberar as verbas necessárias para a construção do novo mundo. Trabalhamos com a compreensão da lei da oferta e da procura – estabelecer as condições adequadas na consciência para criar uma aura magnética em torno do trabalho, a qual, por sua vez, atrai a "verba" necessária para realizar o trabalho que precisa ser feito.

****

"Precisamos viver simplesmente, para que outros possam simplesmente viver."

CAPÍTULO 8

RUMO A UMA NOVA FORMA DE RELACIONAMENTO

> Para muitas pessoas – na verdade, para a maioria delas –, o amor não é de fato amor, mas a mistura entre o desejo de amar e o desejo de ser amado, além da disposição para fazer qualquer coisa para mostrar e evocar esse sentimento, e assim sentir-se mais confortável com sua própria vida interior. É grande o egoísmo das pessoas que desejam ser altruístas.
>
> Alice Bailey, *Glamour, A World Problem*

> No vale da ilusão, o símbolo costuma chamar a atenção, e aquilo que ele representa é esquecido.
>
> Alice Bailey, *A Treatise on White Magic*

É natural: neste período de transferência de energia planetária, todas as formas de vida estão sendo desagregadas, inclusive nossas formas de relacionamento. Sempre ocorrem distorções nessa área da vida quando uma civilização está ruindo e a antiga ordem está dando lugar à nova. O mesmo acontece hoje, ao passarmos por este período de "perecimento da Lei".

Como os relacionamentos íntimos costumam mexer com os corpos físico e emocional, podem nos desalinhar facilmente com nosso eu superior, contribuindo assim para a condição global da ilusão em nosso mundo. À medida que as energias aquarianas são despejadas sobre o nosso planeta, vão produzindo a abertura do coração e o anseio pelo amor universal. Infelizmente, porém, essas energias costumam ser distorcidas e disfarçadas ao entrar em nosso mundo predominantemente material, e às vezes atuam sob uma sexualidade descontrolada e indiscriminada. Como disse, os desejos da humanidade também estão sendo estimulados pela energia do sétimo raio que começa a se manifestar, operando por meio do centro do sacro, o centro mais relacionado com a sexualidade.

Tal como vemos em muitos aspectos da vida atual, a expressão sexual aumentou a tal ponto que temos a impressão de que vivemos num mundo alucinado, preso pelas garras do desejo e buscando constantemente novas e mais excitantes formas de satisfazer esse desejo. O sexo não é o caminho para a iluminação, mesmo que nossa cultura mal orientada faça com que tenhamos essa impressão. A situação atual acarretou doenças, filhos indesejados, dores, tristezas e muitos problemas para muita gente. Mas, ao que parece, ninguém sabe como contornar a situação e apresentar uma resposta mais comedida para esse problema.

De certo modo, essa poderosa expressão da sexualidade humana poderia ser vista como uma reação contra a repressão e as inibições do passado, quando o sexo e o corpo eram considerados maléficos e pecaminosos – atitudes que geralmente atingiam também a imagem das mulheres. Por isso, é compreensível esse movimento atual na direção oposta. Mais cedo ou mais tarde, quando as condições planetárias se assentarem, vamos encontrar o ponto de equilíbrio que afeta esse importante aspecto de nossas vidas, produzindo mais calma e estabilidade.[69]

Durante centenas de anos, a tradição monástica proporcionou um meio para que as pessoas pudessem seguir um caminho espiritual relativamente livre das preocupações e problemas da existência cotidiana. Para as mulheres, em especial, as oportunidades oferecidas pela vida monástica em termos de educação e de afastamento da pobreza e de problemas como filhos indesejados eram vistas de maneira bem favorável, o que é de se compreender. Agora, vivemos num mundo diferente, uma era secular na qual o celibato não atende necessariamente às necessidades de nossos dias. Não é útil que os buscadores se isolem, sem qualquer possibilidade de expressão para seus instintos naturais. Os votos de celibato exigidos por algumas tradições religiosas criaram expectativas irrealistas e levaram ao abuso de pessoas inocentes. Tratar desse problema é parte da limpeza interna necessária para as religiões do mundo antes do retorno do Mestre do Mundo.

Entretanto, o caminho espiritual poderia ser visto como uma compreensão maior da vida celibatária. Como escreveu o Tibetano: "O celibato exigido é de natureza superior às demandas do eu inferior, e à recusa do homem espiritual a se deixar dominar pela personalidade e demandas da carne".[70] Às vezes, os buscadores espirituais precisam demonstrar que desenvolveram a capacidade de ficar sozinhos. Mas esse caminho forçado ou escolhido, dizem, costuma resultar de excessos passados que precisam ser ajustados na vida ou no ciclo atual. Portanto, o celibato não é necessariamente um sinal de elevado *status* espiritual.[71]

Quando impomos disciplina e ritmo à vida, percebemos que fica mais fácil compreender os rigores causados pelo trabalho espiritual sério. As pessoas falam abertamente da necessidade de "conservação de energia" com relação à crise ecológica que está afetando atualmente o planeta. Mas há uma necessidade igualmente premente de conservar a energia em nossas vidas individuais. O corpo é, com toda certeza, um ecossistema delicado, e é sábio tratá-lo com o mesmo cuidado e atenção que gostaríamos que fosse dispensado ao nosso planeta. A poderosa energia que alimenta a sexualidade humana pode, se mal utilizada, tirar-nos facilmente do alinhamento com o nosso eu superior. Mas nem sempre é fácil controlá-la. Ao longo da história, muitos dos grandes buscadores espirituais tiveram de lidar com sua sexualidade – Buda, Jesus, São Francisco, São Paulo, Gandhi, Helen Keller, Martin Luther King Jr. e outros. O estímulo excessivo que resulta da energia sexual descontrolada já provocou a derrocada de muitas pessoas sinceras.

Os ensinamentos da Sabedoria Perene indicam que os atuais problemas relacionados com o sexo podem ser resolvidos nas décadas vindouras, e o serão. Isso vai envolver uma mudança de atitude. Com o tempo, vamos perceber que muitas coisas que hoje são consideradas inovadoras na atividade sexual são, na verdade, os restos de um passado distante que deveríamos deixar para trás. O Mestre Djwhal Khul disse que uma solução para o problema do sexo vai envolver um esforço organizado e coletivo, um esforço que deve se valer da sabedoria e dos conselhos de muitas mentes, mestres e yogues.[72] Os grandes yogues conhecem o poder da conservação de energia, e no futuro esse conhecimento será mais profundo e claro. Não está distante o tempo em que as pessoas desenvolverão a visão etérica, que lhes permitirá ver o efeito na atividade de seus chakras. Isso vai causar muitas mudanças de comportamento.

Com a chegada da nova era, vamos desenvolver novas formas de relacionamentos. Estes serão o resultado natural de vivermos vidas mais integradas e com maior presença da alma, o que vai produzir uma tremenda quantidade de energia criativa. Enquanto isso, com a cristalização e rompimento das antigas formas e com as novas formas ainda por desenvolver, o processo de libertação vai causar muita dor e sofrimento. Talvez estejamos fazendo a redefinição do amor – remodelar a experiência dentro de linhas mais equitativas, aquarianas. A alma não deseja nada, não espera nada, não pede nada para o eu isolado. Quando começarmos a lidar com esse conceito mais amplo de amor, vamos experimentar a redução dessas atuais condições estressantes. Relacionamentos da alma baseiam-se no amor e não no apego; permitem-nos deixar o outro livre para crescer e se desenvolver segundo a sabedoria de sua própria alma, e não do modo como nós queremos que o façam. A série *Initiate*, de Cyril Scott, apresenta um modelo de relacionamento que pode ser visto como um precursor da era aquariana.

Ninguém espera que estejamos sozinhos em nossa jornada – não o tempo todo, pelo menos. Mesmo os Mestres e iniciados de graus elevados mantêm um relacionamento conjugal. Afinal, este deve ser o campo mais valioso de experiência de vida e de potencial para o serviço, pois aprendemos muito compartilhando as alegrias e tristezas da vida. O caminho espiritual exige certa solidão; com a solidão, "a rosa da alma floresce"[73] e desenvolve-se a ligação com os mundos interiores. Portanto, a solidão costuma ser a regra para muitas pessoas que percorrem o caminho – mas a solidão pode ser encontrada ou criada num relacionamento saudável, caso cada parceiro tenha algum tempo e espaço independentes do outro.

Estamos iniciando a era do grupo, numa condição de consciência coletiva, e essa reorientação terá profundas implicações nos relacionamentos conjugais. A natureza progressivamente coletiva da vida vai levar à redução da pressão sobre os casais na concretização das necessidades recíprocas. Os indivíduos se unirão com propósitos maiores do que a felicidade individual. O serviço proporcionado por casais pode ser a criação e a educação dos filhos, mas, cada vez mais, as pessoas se unirão para realizar trabalhos específicos, relacionados com suas responsabilidades como discípulos.

Os jovens que estão encarnando desenvolveram uma visão diferente sobre relacionamentos. Eles observaram muita desagregação nos relacionamentos no decorrer de suas vidas, embora ainda curtas, e isso causou neles um efeito poderoso, tornando-os mais sábios do que sua idade normalmente permitiria, com consequências positivas e negativas. Até o século passado, a maioria dos casamentos era breve por causa da morte precoce de um dos cônjuges, ou de ambos; os casamentos também pereciam em função de longos períodos de afastamento devidos a guerras ou a problemas econômicos. Agora que as pessoas vivem mais, talvez seja pouco realista imaginar que os casais serão sempre capazes de aderir à norma "até que a morte nos separe", contida nos votos de casamento. As pessoas mudam e crescem no decorrer de suas vidas, e nem sempre na mesma direção, ou no mesmo ritmo. Às vezes, é sábio romper laços em vez de manter um relacionamento que já durou mais do que seu tempo útil.

Casamentos que atingem seu ideal – unir duas pessoas nos planos físico, emocional e mental – são raros hoje. Podemos ver casos, por exemplo, em que o corpo físico de uma pessoa está envolvido no relacionamento enquanto o corpo físico da outra não está, mas pode haver uma atração e ligação emocional entre ambos. Às vezes, o corpo mental está envolvido e ativado, mas os corpos físico e emocional são deixados de fora. Quando o envolvimento se dá nos três níveis, você tem aquele raro exemplo de união verdadeira e, como resultado disso, um casamento feliz.[74] Quando acontece essa fusão ideal dos três planos de envolvimento, temos as condições adequadas para que as almas recebam as formas apropriadas nas quais devem encarnar.

O sétimo raio que se aproxima é chamado de "ritual de casamento do Filho", e sob essa influência haverá leis conjugais mais severas, para proteger as pessoas da impulsividade natural que costuma caracterizar o amor romântico. As mudanças não farão com que seja mais difícil terminar um casamento, mas será mais difícil introduzi-lo no relacionamento. Casamentos precipitados ou casamentos entre jovens não serão permitidos.[75] Os jovens serão instruídos e aconselhados antes de darem esse importante passo em suas vidas.

Assim, enquanto hoje muitas pessoas se casam às cegas ou por motivos tolos, o futuro verá uma abordagem mais "científica" ou gerencial dessa *instituição*. De certo modo, estaremos passando para um novo tipo de casamento "arranjado", só que num ponto mais elevado da espiral. Os candidatos a futuros cônjuges serão estudados do ponto de vista da adequação potencial de sua união em virtude das características de seus raios e mapas astrológicos, bem como de seu relativo desenvolvimento evolucionário. A análise desses fatores, e da hereditariedade, contribuirá para que as pessoas tomem decisões mais esclarecidas. Como consequência, é provável que isso reduza o número de divórcios. E aqueles que chegarem a enfrentar um divórcio certamente sentirão que o processo será menos doloroso, pois estarão agindo com mais desapego. Quando a alma fica mais alinhada, acreditamos em sua sabedoria, cientes de que a lei funciona mesmo diante da mudança e da desagregação nessa delicada área da vida.

A liberdade intrínseca a um bom relacionamento baseia-se na confiança e no respeito. Relacionamentos onde ambos estão seguros do amor são expansivos, deixando ambos os parceiros livres para incluir muitas outras pessoas em sua esfera de influência. Quando as pessoas aprenderem a se relacionar umas com as outras com uma participação crescente da alma na personalidade, isso se aprofundará, e será possível a verdadeira ligação espiritual. A amizade entre os sexos será a base sobre a qual essa mudança se processará, e isso já pode ser visto hoje. Além disso, as pessoas estarão mais dispostas a sacrificar suas vontades pessoais em favor do bem maior do relacionamento e da família da qual fazem parte.

Um dia, vamos chegar a um ponto no qual a verdadeira expressão do amor entre os sexos será transferida para um plano superior da consciência. O amor verdadeiro também irá se manifestar pela palavra falada, e não tão prontamente pela expressão do plano físico, como é hoje. É interessante explorar a forte correlação entre criatividade e sexo. Muitos artistas, por exemplo, têm uma expressão sexual fortemente desenvolvida, destacando a relação entre o centro do sacro e o centro da garganta. Nos próximos anos, quando a energia sexual começar a se transmutar e a subir para a garganta, veremos um incrível florescimento da criatividade humana, levando a novas formas de arte, poesia, música e filosofia.[76] Essa expressão criativa vai aumentar visivelmente depois do ano 2025, quando o quarto raio voltar a se expressar.[77]

Se lutarmos para obter um pouco mais de luz com a superação de nossas ilusões, vamos perceber que temos a liberdade de ser quem e o que somos em essência – seres capazes de manifestações cada vez mais amplas e profundas de amor incessante e ilimitado. Na verdade, o amor não é uma expressão da personalidade, mas um afloramento espontâneo da mente e do coração, que acolhe tudo que encontra. Quando amamos plenamente, livres das garras do eu separado, ficamos livres de boa parte da dor que há tanto tempo vem afetando a condição humana.

Parte do processo de transformação que está acontecendo neste período de transição está no modo como manifestamos esse amor no mundo moderno. O amor é a meta, tanto no sentido pessoal como no universal. E embora esteja claro que ainda não somos capazes de expressar o verdadeiro amor espiritual, estamos nos movendo irremediavelmente nessa direção. Enquanto atravessamos esse caminho de desdobramentos compassivos – que é o caminho do guerreiro bodhisattva – vemos que precisamos invocar a coragem e a força do guerreiro interior. Essa força nos deixa livres para expressarmos o amor do bodhisattva sem sermos esmagados pela experiência ou impedidos de vivenciá-la pelos aparentes obstáculos e limitações que proliferam em nosso mundo.

CAPÍTULO 9

BUSCANDO O CAMINHO

> Acima de tudo, não pare com seu trabalho de meditação; mantenha o vínculo interior; pense na verdade o tempo todo. A necessidade e a oportunidade são grandes, e todos os ajudantes possíveis estão sendo chamados para a frente de combate. De um modo ou de outro, todos podem ser usados, desde que a verdadeira natureza do sacrifício seja compreendida, desde que se desenvolva a habilidade para agir e desde que o trabalho sem vínculos seja o esforço de cada um e de todos.
>
> Alice Bailey, *A Treatise on White Magic*

O CAMINHO DA MEDITAÇÃO

Provavelmente, a meditação é a mais poderosa ferramenta de transformação individual e planetária. Ela leva à coordenação entre alma, mente e cérebro, e acaba nos unindo com nosso grupo interior, proporcionando um meio para trabalharmos juntos a serviço da humanidade e do planeta como um todo. Graças à meditação, nós nos "tornamos o caminho" quando procuramos sair de dentro da própria estrutura da consciência. Esse caminho é o cordão dourado que nos leva irrecorrivelmente "das sombras para a luz, do irreal para o real, da morte para a imortalidade", e acaba nos libertando da interminável roda de nascimentos e mortes, levando ao caminho da evolução superior, o caminho do serviço pleno. Com o tempo, vamos perceber que nossa "pausa para o desenvolvimento" tem um propósito muito maior e universal do que o desenvolvimento individual, sendo, de fato, parte de um vasto processo planetário. Com a meditação, vamos ficando cada vez mais alinhados com o ritmo da pulsação do planeta.

Às vezes, as pessoas menosprezam os buscadores espirituais, vendo-os como idealistas pouco práticos e entretidos consigo mesmos, afastados das preocupações e atenções do mundo e de seus afazeres. E embora essa atitude caracterize claramente algumas pessoas, um número cada vez maior de buscadores admite hoje a necessidade de uma espiritualidade engajada. Para eles, não há diferença ou barreira arbitrária entre o mundo espiritual e o mundo dito material. Sua realidade gira ao redor da firme aceitação de que toda a intenção e propósito da vida espiritual consiste em usar nossos pensamentos e ações para nos alinharmos com o vasto e sempre presente fornecimento de energia espiritual que pode ser dirigido para a melhoria de todas as pessoas que sofrem com o peso das atuais condições planetárias. Foi dito que "um discípulo que pensa na verdade pode revolucionar seu ambiente", e um grupo com esses pensamentos pode mudar o mundo. E, por causa do poder representado por trabalhadores espirituais treinados, o grupo não precisa ser grande para seu trabalho ser eficiente.

São muitas as formas de meditação, muitos os tipos de yoga. A prática recomendada nos ensinamentos da sabedoria é conhecida como raja yoga, a "ciência real da mente". Graças à técnica do raja yoga, a mente fica "fixada na intenção" e, mais cedo ou mais tarde, todos os veículos inferiores ficam alinhados com ela, fazendo com que a personalidade se ilumine com a luz da alma. Essa técnica foi preservada no Oriente ao longo dos séculos pela Hierarquia, na chamada escola Trans-Himalaia. Buscadores que seguem esse caminho não devem ter outras práticas de meditação para não incorrerem em dificuldades resultantes da mistura de técnicas. Naturalmente, todo crescimento real resultante da meditação é lento e progressivo, levado adiante ao longo de muitos anos de prática silenciosa. Geralmente, trabalhamos no escuro, e o processo interior de meditação nem sempre fica aparente em nossa consciência de vigília cerebral. Contudo, se fizermos direito nosso trabalho, nossos esforços acabarão dando frutos. Qualquer progresso aparentemente rápido na meditação é o resultado de disciplinas estabelecidas em encarnações anteriores.

Esse caminho segue os preceitos estabelecidos pelo grande mestre indiano Patanjali. Seu trabalho foi uma compilação dos ensinamentos e práticas orais transmitidas através dos séculos na Índia. Os *Yoga Sutras* de Patanjali constituem o mais abrangente e confiável manual para a técnica de raja yoga, e é uma doutrina central tanto na tradição hindu quanto na budista. Houve alguma controvérsia quanto à data em que Patanjali viveu e trabalhou, mas geralmente se aceita que tenha vivido entre 820 e 300 a.C.[78] Alguns estudiosos hindus, porém, situam-no em épocas tão remotas quanto 10.000 a.C. Seus métodos podem ser estudados e praticados por muitos tipos diferentes de buscadores; eles resistiram aos testes do tempo e proporcionam um meio de progresso para estudantes em todos os níveis de desenvolvimento – desde o aspirante que põe seus pés pela primeira vez no caminho, até os grandes iniciados e adeptos. Os fundamentos da técnica de raja yoga são sempre o coração do desenvolvimento que os precede. A pessoa espiritual cujo coração está aberto e expressa amor e serviço está lançando as bases para esse caminho. Patanjali delineou as qualidades básicas de que todos precisam para que a vida seja inserida nos Mandamentos – "não causar mal, a verdade para com todos os seres, abster-se do furto, da incontinência e da avareza", e nas Regras – "purificação interna e externa, contentamento, aspiração fogosa, leitura espiritual e devoção a Ishvara (ou mestre interior)". Os Mandamentos e as Regras tornam-se nossos parâmetros seguros no caminho.

Os ensinamentos da Sabedoria Perene enfatizam que são necessárias formas diferentes de meditação para estudantes orientais e ocidentais, uma vez que nossos corpos têm constituição diferente. Na verdade, diz-se que as técnicas orientais de meditação podem ser perigosas para certos tipos de estudantes ocidentais. No passado, em virtude da longa tradição de espiritualidade, vegetarianismo e da proximidade dos Mestres que viviam no Oriente, os corpos das pessoas eram naturalmente mais refinados e melhor adequados para os rigores e esforços que longos períodos de meditação impõem aos veículos inferiores. O Tibetano procurou apresentar formas de meditação mais adequadas aos estudantes ocidentais, que trabalham em meio às rudes vibrações do Ocidente. Geralmente, essas formas têm natureza mais breve e mais dinâmica. Longos períodos de meditação, o uso prematuro de exercícios de respiração e quaisquer outras práticas usadas para forçar a elevação da kundalini devem ser estritamente evitadas por novos estudantes. A meditação provoca energias ígneas, e devemos tomar o cuidado de procurar quaisquer indicadores de estímulo excessivo resultante dessa prática.

Em séculos passados, a vida meditativa era praticada principalmente dentro das tradições monásticas, geralmente em isolamento, com um afastamento das preocupações mundanas e seguindo o caminho do retiro espiritual. Hoje, isso está mudando, pois as práticas espirituais fluem para o Ocidente com muitos "leigos" incorporando a meditação em sua vida cotidiana. Por vários motivos, é muito mais difícil adotar uma prática espiritual em meio aos desafios da vida contemporânea. Nesta época em que o dharma chega ao Ocidente, estamos aprendendo a tarefa mais difícil de manter o foco em meio à fúria dos acontecimentos externos, sabendo que o lugar de refúgio deve ser encontrado dentro de nós mesmos, e não tanto nas circunstâncias externas.

A prática começa com o período de alinhamento, no qual estabilizamos e acalmamos os corpos físico, emocional e mental. O uso da palavra sagrada, o OM, emitida de maneira audível ou não, ajuda esse processo. Geralmente, e mais ainda no início, é difícil chegar ao foco mental, mas começamos centralizando-nos dentro do centro ajna, levando a consciência bem para o fundo de nós mesmos. Mais cedo ou mais tarde, a alma começa a "apertar" os veículos, permitindo uma concentração mais fácil e uma orientação positiva. De certo modo, nossa visão da prática da meditação não é diferente do treinamento pelo qual passa qualquer indivíduo que se inicia numa nova área de estudos – sejam acadêmicos, artísticos ou vocacionais. Com o tempo, aprendemos a trabalhar de maneira mais eficiente, e neste processo contamos com a ajuda da linhagem e do exemplo de muitos professores que abriram o caminho para nós.

A técnica de raja yoga incorpora o trabalho com um pensamento-semente: um aforismo, uma qualidade ou símbolo que, quando sopesado no processo da meditação, torna-se um veículo para a expansão da consciência. Alice Bailey descreveu a meditação com uma semente como algo similar ao processo de preparação de uma palestra: a mente reúne fatos usados para se penetrar nas camadas mais profundas do pensamento, e este, por sua vez, revela a qualidade por trás da forma exterior. A visualização é um aspecto vital da técnica de raja yoga, mas não tanto como desenhos mentais quanto como meio de aprender a dominar e a direcionar a energia de acordo com os propósitos da alma.

O fanatismo não é bem-vindo na vida meditativa. Como lemos no *Bhagavad Gita*: "Não há meditação para o homem que come pouco ou para o homem que come em excesso, ou para aquele cujo hábito consiste em dormir muito ou pouco. Mas para aquele com regularidade na alimentação, no trabalho, regular também no sono e no despertar, a meditação torna-se o destruidor de todo sofrimento".[79] O primeiro passo no caminho meditativo consiste em implementar o ritmo da prática diária. É fácil dizer que não temos tempo para meditar. Mas se levarmos a sério nossa vida espiritual, perceberemos que a meditação é nossa ferramenta mais vital e essencial, e encontraremos tempo para ela. No entanto, o estabelecimento dessa prática exige disciplina e perseverança, a capacidade de prosseguir sempre, mesmo quando as condições conspiram para interromper o ritmo. Para meditar, é importante ter um espaço silencioso e reservar um período de tempo sem interrupções. O ideal é chamar o menos possível a atenção para si mesmo. Desse modo, sua prática pode ser mais ou menos vista como uma atividade normal, e não algo que desperte suspeitas e hostilidades nos familiares e amigos. No início, recomenda-se que o período de meditação dure entre quinze e vinte minutos. É um período bem mais curto do que o sugerido por muitas outras técnicas praticadas em nossa época. Com o tempo e a experiência, e quando os veículos inferiores ficarem acostumados com as novas vibrações, a prática pode ser estendida.

É melhor meditar pela manhã, pois nesse horário a mente está mais livre das atividades e ocupações do dia. Algumas correntes energéticas especiais acompanham as primeiras horas da manhã, e elas podem ser captadas pelo praticante de meditação, usando-as para estabelecer o tom do dia. Contudo, se a agenda da pessoa não permitir uma meditação matinal, esta pode ser feita em outro horário.

Com o tempo, a meditação torna-se um modo de vida, não apenas uma prática realizada todas as manhãs. Ela estabelece uma intenção espiritual, e passamos o resto do dia com seus efeitos radiantes e magnéticos condicionando cada aspecto de nossas vidas. A meditação pode nos ajudar a desenvolver novas qualidades – aumentar a eficiência, a perseverança, o foco, o poder de organização, a capacidade de eliminar o que não é essencial, e maior facilidade para vencer desafios. Elevando nossa consciência na mente e procurando governar a vida a partir desse ponto, podemos subjugar significativamente nossa natureza emocional. Todos nós chegamos à prática da meditação com atributos distintos, e algumas pessoas são naturalmente mais adequadas a essa prática do que outras. No entanto, quer vejamos essa prática como natural, quer como algo estressante, ela nos leva a novas e mais amplas regiões da consciência, aumentando nossa capacidade de servir ao Plano.

Uma fábula antiga comparava a prática da meditação com o ato de tingir um tecido de cor amarelo vivo, deixando-o depois a secar ao sol do meio-dia. A cor do tecido vai esmaecer, mas, se no dia seguinte, tornarmos a tingi-lo e deixá-lo novamente ao sol forte para secar, não irá esmaecer tanto. Com a repetição diária do processo, o tecido vai reter cada vez mais a sua cor, até que, um dia, não esmaecerá mais, mantendo sempre sua intensa cor amarela. O mesmo acontece no caminho da iluminação: é um processo de "tingimento" diário de nossa consciência.

O caminho não é apenas uma figura de linguagem, pois se refere a uma condição real criada pelo "tecido" formado pelos fios da própria consciência. Nos ensinamentos da sabedoria, esse caminho é conhecido por seu nome sânscrito, *antahkarana*, a ponte do arco-íris. Coletivamente, estamos formando uma ampla ponte na consciência, possuindo todas as cores do arco-íris, para a qual os estudantes de todos os raios podem contribuir. Nesse trabalho de construção, somos estimulados pelo fato de que muitas pessoas, ao longo dos tempos, seguiram esse caminho e encontraram alívio – nós as seguimos, assim como nós, por nossa vez, estamos abrindo o caminho para aqueles que virão depois.[80]

A meditação foi comparada com a respiração, pois acompanha esse ritmo natural e universal da inspiração e expiração da energia. Quando começamos a submeter nossas vidas a esses ciclos, começamos a vibrar em sincronismo com o ritmo desse todo maior, do qual somos uma parte infinitesimal, mas vital. Em essência, a meditação consiste num modo de nos centralizarmos para podermos contatar, reter e distribuir energias espirituais. No presente momento, a maioria de nós está aprendendo essas técnicas em concordância com nosso tipo de raio e com o condicionamento da personalidade. Mas estamos avançando rapidamente para a época em que aparecerão mestres, basicamente nas novas escolas de iniciação, capazes de trabalhar de modo eficiente com seus alunos para apresentarem um tipo de formato "personalizado" de meditação. Essas meditações vão atender às diferentes necessidades dos alunos, segundo seu raio específico e seu condicionamento astrológico. Esses mestres terão a capacidade de enxergar melhor a consciência de seus alunos e, graças a essa sensibilidade, poderão desenvolver formas e técnicas espirituais que acelerarão o progresso de seus alunos no caminho. Com efeito, assumirão um papel similar àquele assumido pelo Tibetano com os alunos que lhe foram designados, tal como narrado nos livros *Discipleship in the New Age*. Enquanto não chega essa época, porém, podemos trabalhar com as formas existentes e adaptá-las, por assim dizer, segundo nossas necessidades.

Embora a meditação costume ser praticada isoladamente, é útil ter em conta a natureza essencialmente coletiva dessa prática. A meditação é o meio pelo qual percebemos nosso grupo, e vemos que, ao nos unirmos com esse grupo, nossa capacidade de servir aumenta exponencialmente. Para isso, podemos começar cada período de meditação ligando nossa consciência aos irmãos e irmãs do nosso grupo. Muitas pessoas descobriram que o uso de um mantra pode ajudar a tornar mais real a conexão. Se estabelecermos a disciplina e seguirmos as instruções para meditação que nos são dadas, com o tempo podemos esperar resultados surpreendentes e duradouros, que vão produzir muitas mudanças em nossas vidas e em nosso ambiente.

Os pensamentos a seguir, extraídos de obras do Tibetano, podem propiciar alguma compreensão sobre o objetivo que temos hoje diante de nós:

Somos brilho e poder. Estamos em pé com nossas mãos esticadas, unindo o céu e a terra, o mundo interior dos significados e o mundo sutil da ilusão.

Tocamos a Luz e trazemo-la para atender nossas necessidades. Buscamos o Lugar silencioso e de lá trazemos o dom da compreensão. Assim, com a luz, trabalhamos e transformamos as sombras em dia.[81]

MANIFESTANDO A VISÃO: O CAMINHO DO SERVIÇO

Aqueles que não estão prontos para os próximos eventos ficarão cegos pela luz emergente e enlouquecidos pelas maravilhas que se revelarão; serão tomados pelo sopro vivo de Deus, e é você que queremos que os prepare para esse evento.

Alice Bailey, *Esoteric Psychology, Vol. I*

Todo esforço sincero de desenvolvimento espiritual tem por meta a capacidade cada vez maior de levar nossa natureza essencial a prestar alguma forma de serviço aos demais. Esse trabalho de serviço é a parte mais importante do caminho espiritual, e é um modo de retribuirmos com uma fração daquilo que nos foi dado. O serviço é uma lei, e é esta a principal ideia a ser compreendida agora, pois ela nos abre para a onda vindoura de energias de Aquário,[82] signo do Aguadeiro, que despeja a água da vida. E embora as pessoas falem sobre o serviço e estejam ansiosas para servir, há muita confusão a respeito dele, e por isso é importante compreender melhor o significado do serviço. É um conceito mais sutil do que se costuma imaginar, e geralmente nós o interpretamos de forma excessivamente concreta, deixando de perceber suas implicações mais sutis.

O serviço é a expressão natural da alma, e ao nos alinharmos com a alma, não podemos deixar de servir.[83] O serviço nos liberta de nossos eus isolados e de nossos problemas, o que não significa que os problemas vão sumir, e sim que aprendemos a conviver com eles para que não interfiram conosco de maneira alarmante como antes. Podemos pedir à nossa alma que oriente nossos passos, com o que certamente nossas necessidades estarão sendo atendidas. Podemos pedir para servir melhor, tendo a certeza de que teremos sido ouvidos: vão surgir oportunidades que tornarão isso possível.

É bom lembrar que quando a alma tenta traduzir alguma coisa para nós, isso pode ir contra o conforto e o ritmo de nossa personalidade, e devemos estar preparados para essa eventualidade. Não é fácil abalar o "*establishment*" – os ritmos e as estruturas estabelecidas em nossas vidas individuais, ou as estruturas estabelecidas nos grupos e na sociedade como um todo. É por isso que todos que percorrem essa rota, esse "processo forçoso" que é o caminho do retorno espiritual, precisam se valer da coragem da alma.[84]

Naturalmente, há muitos caminhos de serviço. É por isso que devemos escolher sabiamente antes de adotar um caminho de serviço. Devemos avaliar nossos motivos e perguntar-nos por que fazemos as escolhas que fazemos. É importante compreender que, em termos relativos, são poucas as pessoas que realizam trabalhos espirituais no mundo, enquanto há muitas outras pessoas melhor equipadas do que nós para lidar com as formas mais tradicionais e estabelecidas de serviço à coletividade. Talvez seja por isso que o mestre Tibetano disse que um dos principais empecilhos ao ressurgimento do mestre do mundo está na inércia das pessoas espiritualizadas medianas.[85] As distrações são muitas, e são tantas as coisas pouco essenciais a ocupar nosso tempo e atenção que, muitas vezes, sobra pouca ou nenhuma energia para aquilo que realmente importa.

As coisas que valorizamos tanto a nosso respeito não são, de modo geral, as coisas consideradas da maior importância do ponto de vista da alma. Como a maioria de nós ainda vive basicamente nos limites do mundo material, temos a tendência a interpretar nossas vidas e nosso trabalho de serviço de um modo mais material. Desse modo erramos, pois pomos o carro na frente dos bois. Disseram que as pessoas que passaram por experiências de quase morte relatam que, ao passar pelo portal da morte, elas perceberam que a única coisa que importa na vida é o amor que expressamos e repartimos com os outros. É isso.

Portanto, os aspectos externos do serviço têm menos importância quando aprendemos a servir de maneira mais subjetiva – silenciosamente, por trás dos bastidores, e com nosso grupo. Pouco a pouco, desenvolvemos a capacidade de "nos mantermos firmes, não só como seres espirituais, mas junto com outros, trabalhando subjetiva, telepática e sinteticamente com eles".[86] Aprendemos que não são as realizações exteriores que importam – nosso trabalho ou projetos exteriores de serviço, nosso trabalho criativo, a força de nossas palavras e de nossa personalidade. O que importa é outra coisa, algo sutil, menos tangível, que acontece principalmente no silêncio de nossos corações e mentes, relacionada com o aspecto coletivo de nossas vidas e obras. Quando enfatizamos a alma, o reconhecimento interior, aprendemos a trabalhar e a seguir os passos dos grandes servidores cujas vidas e obras são modelos para todos nós.

Há correntes de energia que ficam disponíveis para nós quando aprendemos a trabalhar com grupos e nos sentimos participantes de uma ampla e complexa rede de relacionamentos.

O Tibetano nos orientou sobre esse trabalho subjetivo num antigo "Livro de Regras". Eis o que escreveu:

Toda verdadeira escola esotérica começa com o controle do corpo astral, e o *chela* precisa memorizar e praticar essas três regras depois de ter obtido algum progresso real na manifestação da não intenção de ofender.

Primeira regra. Entre no coração de seu irmão e veja sua tristeza. Depois, fale. Deixe que as palavras transmitam a ele a poderosa força de que ele precisa para romper seus grilhões. Mas não os rompa pessoalmente. Seu trabalho consiste em falar de maneira compreensiva. A força recebida por ele vai ajudá-lo em seu trabalho.

Segunda regra. Entre na mente de seu irmão e leia seus pensamentos, mas só quando seus próprios pensamentos forem puros. Depois, pense. Deixe que os pensamentos assim criados entrem na mente de seu irmão e se misturem com os dele. Mas mantenha-se desapegado, pois ninguém tem o direito de influenciar a mente de um irmão. A única coisa certa é fazê-lo dizer: "Ele ama. Ele está do meu lado. Ele conhece. Ele pensa comigo e sou forte para fazer o que é certo". Assim, aprenda a falar. Assim, aprenda a pensar.

Terceira regra. Misture-se com a alma de seu irmão e conheça-o tal como ele é. Isso só pode ser feito no plano da alma. Se não for assim, a mistura alimentará sua vida inferior. Depois, concentre-se no plano. Assim, ele verá o papel que ele, você e todos os homens têm a cumprir. Assim, ele entrará na vida e verá o trabalho realizado.

Uma nota que serve de apêndice para essas três regras diz:

Essas três energias – da fala, do pensamento e do propósito –, se manejadas com entendimento pelo *chela* e misturadas com as forças nascentes do irmão que ele pretende ajudar, são as três energias com que todos os adeptos trabalham.

É quase impossível traduzir essas antigas fórmulas em termos adequados, mas a paráfrase acima, bastante aproximada, vai transmitir a ideia para o iluminado; essas regras condensam os poucos pensamentos que o aspirante médio precisa aprender acerca do direcionamento adequado da energia, para os quais ele está pronto.[87]

A GRANDE INVOCAÇÃO

Desafio-o a penetrar, com a meditação, mais fundo no significado vital dessas palavras, dessas espantosas palavras. Elas incorporam, da melhor maneira que a linguagem moderna permite, uma fórmula que está na posse da Hierarquia desde que esta foi fundada na Terra, mas que só se fez disponível agora, graças ao ponto alcançado pela humanidade. O encanto dessas frases mântricas é que elas são compreensíveis para membros da família humana e para membros do Reino de Deus. Elas significam uma coisa para o homem comum, e esse significado é bom, poderoso e útil; elas significam outra coisa para o homem que percorre o Caminho Probatório, pois ele atribui às palavras um significado mais profundo e mais esotérico do que pode o homem totalmente polarizado em sua natureza interior; e essas palavras têm ainda outro sentido para o discípulo que opera conscientemente num Ashram; para os iniciados e principais membros da Hierarquia, têm um significado ainda mais elevado e mais abrangente.

Alice Bailey, *Discipleship in the New Age, Vol. II*

A Grande Invocação (texto original)

Do ponto de Luz na Mente de Deus,
Flua Luz à mente dos homens,
Que a Luz desça à Terra.

Do ponto de Amor no Coração de Deus,
Flua amor ao coração dos homens,
Que Cristo retorne à Terra.

Do centro onde a Vontade de Deus é conhecida,
Guie o propósito às pequenas vontades dos homens,
O propósito que os Mestres conhecem e a que servem.

Do centro a que chamamos a raça dos homens,
Cumpra-se o Plano de Amor e Luz;
E que ele vede a porta onde mora o mal.

Que a Luz, o Amor e o Poder restabeleçam o Plano na Terra,

A Grande Invocação (texto adaptado)

Do ponto de Luz na Mente de Deus,
Flua luz às mentes humanas.
Que a Luz desça à Terra.

Do ponto de Amor no Coração de Deus
Flua amor aos corações humanos.
Que Aquele Que Vem volte à Terra.

Do centro onde a Vontade de Deus é conhecida,
Guie o propósito todas as pequenas vontades humanas –
O propósito que os Mestres conhecem e a que servem.

Do centro a que chamamos a raça humana,
Cumpra-se o Plano de Amor e Luz;

E que ele vede a porta onde mora o mal.

Que a Luz, o Amor e o Poder restabeleçam o Plano na Terra.

Quando o Mestre do Mundo decidiu voltar a se manifestar exteriormente, em junho de 1945, deu à humanidade uma oração antiga e poderosa, que ficou conhecida como a Grande Invocação.[88] Essa Invocação pelo Poder e pela Luz é, segundo se diz, a mais poderosa ferramenta de que dispomos para ajudar a preparar a consciência humana para os acontecimentos vindouros. Embora só tenha sido dada para nosso uso há poucas décadas, acredita-se que a Invocação tem origem antiga. Seu poder é tão grande, porém, que ela não poderia ter sido dada antes. O momento de sua apresentação tinha de ser perfeito. Enquanto muitas preces são usadas com intenções pessoais, o poder da Invocação está em sua *impessoalidade*; ela não está focada sobre as necessidades e vontades do indivíduo, mas nas preocupações maiores da humanidade e do planeta como um todo. Assim sendo, seu uso por parte de um grande número de pessoas pode produzir mudanças poderosas em todas as formas de vida.

Nenhuma organização, religião ou grupo religioso "possui" a Invocação. É uma prece não sectária e pode ser usada de modo eficiente por todas as pessoas. Embora seu texto original se refira a Cristo, não é uma prece cristã e pode ser usada por pessoas de todas as crenças, ou mesmo por aqueles que não professam nenhuma crença em especial. Atualmente, a Invocação já se encontra traduzida para mais de setenta línguas, e é usada na maioria dos países do mundo, embora precise ser mais difundida antes que seu verdadeiro poder possa ser posto em prática. A humanidade nunca se uniu em torno de um único mantra espiritual. Não testamos a eficácia de tal atividade, embora, com certeza, possamos dizer que o Pai-Nosso ocupa um lugar central na Era de Peixes. A Grande Invocação pode ocupar um lugar de destaque similar dentro da Era de Aquário que se aproxima.

Ao longo dos anos, muitos indivíduos e grupos apresentaram textos alternativos para a Invocação. Naturalmente, embora muitas pessoas prefiram a Invocação em seu texto original, as adaptações foram bem recebidas por muitas outras. A pureza e a força da Invocação original são tão grandes que, segundo dizem, não passa um dia sequer sem que o próprio Cristo não a verbalize.[89] De fato, Foster Bailey (marido e colega de Alice Bailey) disse que esse ato de cooperação entre Alice Bailey e o Tibetano, em abril de 1945, deve ter sido sua maior realização. O Tibetano diz que, até sua atividade cooperativa, a Invocação existia em sete formas antigas. Dizem que sua paciente tradução, encerrada quando o sol estava nascendo, teria deixado Bailey completamente esgotada, mas radiante, e teria produzido a união completa entre sua mente e a do Tibetano. Diz-se que a Invocação é a nova declaração do Mestre do Mundo. Talvez seja compreensível, portanto, que estudantes sérios dos ensinamentos da Sabedoria Perene prefiram o texto original. De fato, nunca se pretendeu que o texto adaptado suplantasse o original; são meras alternativas que podem ser mais atraentes para um público mais amplo neste período de transição.

A Invocação foi apresentada há mais de sessenta anos. Desde então, o mundo mudou drasticamente. Com o tempo, ficou evidente que a Grande Invocação só atingiria o *status* de prece mundial (como previu o Tibetano) caso fosse adaptada para atender às necessidades das pessoas de nossa época. Vivemos numa época em que o uso da linguagem é muito importante para criar a unidade ou para dividir. Uma linguagem considerada arcaica ou ofensiva (por mais que sua intenção original seja pura) é hoje rejeitada de imediato por muita gente. O crescimento do movimento de libertação das mulheres ativou a demanda para que a língua refletisse uma visão de mundo igualitária, e o texto original da Grande Invocação ofende muitas pessoas sensíveis a isso.

Os Mestres são indivíduos pragmáticos; deixam ao encargo de seus alunos a tomada de decisões quanto a questões importantes relativas a seu trabalho no mundo. Aqueles que promovem esse trabalho não podem se dar ao luxo de ignorar as realidades de nossa época, e devem estar dispostos a "modificar, qualificar e adaptar" sua mensagem a formas nas quais ela pode ser recebida prontamente na época em que vivem. A falta de adaptação aos tempos limitou a eficiência de nossa mais importante ferramenta de transformação planetária. E até o mestre Tibetano incentivou pequenas adaptações no texto da Invocação quando esta era usada por grupos específicos.[90] Por isso, aqueles que aderem de forma exagerada às tradições estabelecidas impedem o trabalho de ser feito.

No entanto, é importante refletirmos sobre o poder gerado quando se escolhem cuidadosamente as palavras e o ritmo mântrico do texto original. No caso da Invocação, muitas das objeções suscitadas pelo texto original relacionam-se com o uso das palavras "homens" e "Cristo". Mas quando ponderamos sobre o significado intrínseco por trás dessas palavras, percebemos sua abrangência essencial. A palavra inglesa *man* (homem), por exemplo, vem do sânscrito "manas", e significa "aquele que pensa". Sob essa perspectiva, os estereótipos sexuais caem por terra. Como foi dito antes, "Cristo" é o nome de um cargo, o Mestre do Mundo, o chefe da Hierarquia espiritual, e não tem relação intrínseca com qualquer religião organizada. Espera-se que os estudantes ponderem sobre essas considerações e prefiram usar o texto original, reforçando assim a eficiência da mais poderosa ferramenta para transformação humana e planetária.

No futuro, podemos esperar que as atuais barreiras de compreensão apresentadas pela má interpretação da linguagem não existam mais, e as pessoas passarão a apreciar o texto original. Agora, neste período de transição, o que importa é que as pessoas usem a Invocação, pois esse é o único modo pelo qual sua força pode ser liberada no mundo. Espera-se que, nos próximos anos, a Invocação comece a ser mais aceita pela comunidade global.

A Grande Invocação é usada por membros da Hierarquia com "constância, exatidão e força",[91] e o Tibetano nos incentivou a usá-la e a distribuí-la. Outro ponto importante relacionado com o uso da Invocação deve ser levado em conta. Fomos aconselhados a não transformar a Invocação numa oração pela paz. Disse o Tibetano,

> Paz e o amor pela paz podem ser soporíferos mortais. Geralmente, seu propósito é egoísta, e as pessoas anseiam pela paz porque querem ser felizes. Felicidade e paz virão quando houver relacionamentos humanos corretos.[92]

O Tibetano deu origem a uma atividade conhecida como Triângulos para fomentar a eficácia da Grande Invocação. As pessoas que participam dos Triângulos fazem parte de uma rede mundial que visa à transformação da consciência planetária. Os Triângulos são um simples exercício de meditação e de visualização no qual três pessoas concordam em se conectar diariamente para usar a Invocação como forma de serviço planetário. Esse trabalho é subjetivo e não precisa ter uma coordenação formal no tempo e no espaço. Um aspecto importante do trabalho com os Triângulos relaciona-se com sua capacidade de transformar a configuração do corpo etérico do planeta. Atualmente, dizem que esse corpo é composto por uma série de quadrados que são condutores inertes de energia, com o quadrado simbolizando a personalidade "inferior". A eficiência do trabalho com a rede de Triângulos está em sua capacidade de transformar a estrutura etérica do planeta numa série de triângulos entrelaçados, o símbolo da alma.

CAPÍTULO 10

MEDITAÇÃO NA LUA CHEIA

> Aquele que fica diante da luz e permanece em pé sob seu brilho torna-se cego para os problemas do mundo dos homens; ele passa pelo Caminho Iluminado até chegar ao grande Centro de Absorção. Mas aquele que sente a necessidade de passar por esse caminho, mas ama o irmão que percorre o caminho sombrio, gira sobre o pedestal da luz e se volta para o outro lado.
>
> Ele fica diante das sombras, e então os sete pontos de luz em seu íntimo transmitem a luz que flui para fora, e – veja! – a face daqueles que estão no caminho sombrio recebem essa luz. Para eles, o caminho não é tão escuro. Além dos soldados – entre a luz e as sombras – faz clarão a luz da Hierarquia.
>
> Alice Bailey, *Discipleship in the New Age*, Vol. II

UMA PORTA ABERTA

Através dos tempos, foram realizados muitos festivais religiosos em conjunção com a lua cheia. A humanidade sentiu intuitivamente o caráter benéfico dessa época, e a beleza da luz refletida da lua continua a ser fonte de fascinação e encantamento. E embora seja verdade que a inspiração espiritual está disponível para nós a qualquer momento, durante o período da lua cheia sua presença fica mais ativa em função do alinhamento que se forma entre nosso planeta e o sol.

O ciclo da lua cheia é o "ponto de poder" do mês espiritual, e muitos grupos e indivíduos se reúnem para meditar nessa época. A importância do período relaciona-se, ironicamente, com o fato de que a influência da lua está fora do caminho. Segundo os ensinamentos da astrologia esotérica, a lua é, basicamente, uma concha vazia que simboliza o passado, um tipo de prisão que deve ser deixada para trás.[93] Quando sua influência é evitada ou negada, a energia plena do sol, símbolo da luz da alma, causa um impacto livre e direto sobre a consciência humana, proporcionando um claro símbolo exterior de uma experiência espiritual interior.

O ciclo da lua cheia, na verdade, toma cinco dias: os dois dias anteriores, o dia da lua cheia em si e os dias seguintes. Os dois dias que precedem o dia da lua cheia são conhecidos como dias de preparação, nos quais procuramos estabelecer um alinhamento interior com a alma e com o nosso grupo. São dias de "renúncia e desapego", em que nos preparamos espiritualmente para o dia da lua cheia propriamente dito, conhecido como o "dia da salvaguarda". Neste dia, especialmente no momento exato em que a lua está cheia, simplesmente tentamos, o máximo que podemos, nos manter como seres espirituais – atuando como canais silenciosos, alinhados com a intenção hierárquica, focalizando nossos pensamentos nas necessidades da humanidade e do planeta. Os dois dias posteriores são conhecidos como os dias da distribuição, quando as energias contatadas são "espalhadas por nossos corações, por nosso grupo e pelo mundo".[94]

Na época da lua cheia de cada mês, abre-se uma porta entre a Hierarquia espiritual e a humanidade. É por essa porta aberta que a inspiração pode fluir até a consciência humana, facilitando um contato mais próximo e uma relação mais fácil entre todos os indivíduos receptivos e sensíveis à vibração dos planos interiores. Pedem-nos para fazermos uma pausa e direcionarmos a consciência para dentro, distante das atividades e preocupações exteriores do cotidiano e, num esforço coletivo, trabalharmos juntos em meditação e pensamento para criar um canal (às vezes chamado de "ponte arco-íris"), pelo qual pode fluir a luz espiritual até a consciência humana.

Nessa época, ocorrerá a "esgarçadura dos véus" e, à medida que desenvolvemos as ferramentas de audição interior, ficamos mais sensíveis às impressões da alma; nossa vida e nosso trabalho podem ser cada vez mais guiados desde nosso íntimo. O mestre Tibetano pede-nos para "procurarmos os resultados" nessa época. Ele escreveu: "Observem a ocorrência dessas experiências – intuitivas, telepáticas e espirituais".[95]

À medida que mais pessoas assumem a disciplina do trabalho com a lua cheia, podemos produzir coletivamente mudanças reais no planeta. A força de um grupo unido de invocação, trabalhando de maneira altruísta pelo bem do mundo como um todo, é incrivelmente intensa. Se as pessoas forem instruídas a respeito da importância desse ciclo mensal, desejarão cooperar. Líderes religiosos e espirituais mais esclarecidos poderiam fazer isso acontecer. A observação do ciclo mensal da lua cheia deve ser, provavelmente, a mais importante disciplina que poderíamos adotar. Estabelecendo essa prática em nossas vidas, estamos não apenas ajudando o planeta, contatando e distribuindo energias espirituais, como também trabalhando com uma técnica que pode servir para solidificar o relacionamento coletivo com nossos colegas espalhados pelo mundo. O trabalho com a lua cheia expande nossos corações, aprofunda nosso amor e ajuda a romper as barreiras que nos separam uns dos outros.

Todos os meses, a meditação da lua cheia é influenciada pela constelação astrológica que rege aquela época. Cada signo do zodíaco tem qualidades básicas que podem ser incorporadas à consciência humana desde que meditemos sobre elas. Por exemplo, o signo de Sagitário tem como meta trazer a qualidade da direção e do controle, e Escorpião traz a qualidade do triunfo através do conflito, enquanto

Capricórnio está relacionado com o caminho da iniciação. Cada signo tem ainda uma nota espiritual básica que pode ser usada na meditação.

O período da lua cheia é uma época de meditação intensa e de trabalho subjetivo discreto. É uma época em que podemos tentar fazer contato com nossa alma e com nosso grupo espiritual. Quando nos sintonizamos com esse ritmo interior do trabalho com a lua cheia, percebemos que nos tornamos mais conscientes de sutilezas que antes não havíamos percebido. Não importa onde estamos, ou o que estamos fazendo, é uma época em que podemos aproveitar a oportunidade de nos unirmos em consciência com o impulso espiritual organizado que está espalhado pelo planeta.

Para que esse tipo de meditação da lua cheia seja eficiente, é útil meditar em grupo no momento mais próximo possível da lua cheia plena, de preferência em algum momento das dezoito horas precedentes.[96] É aí que as energias se acumulam e o contato com o grupo interior fica mais fácil. Antes do início da meditação, sugere-se que nos liguemos em consciência com nossos irmãos e irmãs de nosso grupo espalhados pelo mundo – quaisquer indivíduos que saibamos que seguem uma orientação espiritual. Podemos incluí-los em nossa consciência e cercá-los com a energia da luz e do amor. Durante esse período de tempo, também é importante lembrar dos trabalhadores espirituais que foram para o lado interior, pois eles também estarão trabalhando conosco, talvez de maneira mais eficaz, uma vez que estão livres das limitações do corpo físico. Podemos incluir também colegas que podem ter saído do caminho, já que eles ainda estão ligados ao trabalho nos planos interiores e não devem ser esquecidos.

As flutuações que ocorrem na vida exterior do grupo não existem nos planos interiores; nestes, trabalhamos livres das barreiras de separação que ainda afetam os grupos exteriores. Nos grupos interiores existe união. Na época da lua cheia, todos os meses, temos a oportunidade de fortalecer e solidificar esses vínculos interiores que podem, ao longo do tempo, ajudar a curar e a restaurar a harmonia sobre o plano físico por conta do apoio subjetivo que podemos proporcionar uns aos outros. A época da lua cheia pode nos dar meios de produzir a cura, permitindo-nos prosseguir junto dos vínculos da luz e do amor, deixando o passado para trás. Além do trabalho em grupo, não importa onde estivermos, podemos sempre observar o momento exato da lua cheia como uma oportunidade para nos unirmos na consciência com todas as outras pessoas do planeta que estão cooperando com esse trabalho em grupo.

O FESTIVAL DE WESAK E O FESTIVAL DE CRISTO

Assim como o período da lua cheia constitui o ponto alto do contato espiritual durante o ciclo mensal, as luas cheias de Áries, Touro e Gêmeos são os pontos altos do ciclo anual. A cada ano, durante os períodos dessas luas cheias, são realizadas pelos grandes mestres cerimônias sagradas e solenes numa região remota da cadeia de montanhas do Himalaia. O festival de Wesak, que ocorre na época da lua cheia de Touro, está associado a uma lenda descrita por Alice Bailey num folheto distribuído pelo Lucis Trust:

Num pequeno vale do Tibete, do lado mais distante do Himalaia... acredita-se que esteja acontecendo a cerimônia terrena da bênção e, para esse vale, dirigem-se muitas pessoas que vivem na região, como peregrinos que buscam a luz. Lá, por ocasião da lua cheia, é realizado um ritual solene, que pode ser claramente visto e ouvido como qualquer cerimônia numa de nossas grandes catedrais.

Bailey fala de dois sonhos, com sete anos entre um e outro, nos quais ela participou de uma estranha cerimônia:

Os eventos registrados foram tão claros e nítidos, e os detalhes tão idênticos em ambas as ocasiões, que seria impossível desprezar o sonho como uma fantasia tola, ou considerá-lo simplesmente um fenômeno corriqueiro dos sonhos. Vinte anos depois, quando li uma descrição do Festival de Wesak, descobri que era o que eu tinha visto. Aparentemente, meu sonho indicava um acontecimento real. Em diversas ocasiões, encontrei pessoas que tiveram sonhos similares, e que também se perguntavam o que teriam visto. Quando um sonho tem aparência uniformemente similar e é experimentado por pessoas diferentes, em diferentes lugares do mundo; quando os detalhes desse sonho são os mesmos; e quando se descobre que esse sonho se baseia numa cerimônia específica, que ocorreu de fato naquela época, então é certo que há espaço para muitas discussões, pois evoca-se um interesse real e talvez até a evidência de um fato.

Ela descreve o sonho desta maneira:

Há um vale situado em grande altitude no sopé das cadeias do Himalaia no Tibete. Ele é cercado por montanhas bem altas por todos os lados, exceto a nordeste, onde há uma abertura estreita na cadeia montanhosa. Portanto, o vale tem o formato de uma garrafa, com o pescoço apontando para o nordeste, e se abre consideravelmente rumo ao sul. Na extremidade norte, perto do pescoço da garrafa, encontra-se uma grande rocha plana. Não há árvores ou arbustos no vale, que é coberto por uma espécie grosseira de grama, mas as faces das montanhas estão repletas de árvores.

Na época da lua cheia de Touro, peregrinos de todos os distritos próximos começam a se reunir; os lamas e os homens santos dirigem-se para o vale e preenchem-no ao sul e ao centro, deixando a extremidade nordeste relativamente livre. Nessa parte, segundo reza a lenda, reúne-se um grupo formado por esses grandes Seres que são na Terra os Defensores do Plano de Deus para nosso planeta e para a humanidade [...]. Este grupo de conhecedores da divindade são os principais participantes do Festival de Wesak. Eles se posicionam na extremidade nordeste do vale e, em círculos concêntricos (segundo o *status* e o nível de seu desenvolvimento iniciático), preparam-se para um grande ato de serviço. Em frente da pedra, de frente para o nordeste, ficam Esses Seres que são chamados por seus discípulos de "os Três Grandes Senhores". São o Cristo, que fica no centro; o Senhor das formas vivas, o Manu, que fica à Sua direita; e o Senhor da Civilização, que fica à Sua esquerda. Os três ficam voltados para a rocha, sobre a qual há uma grande vasilha de cristal, cheia de água.

Aqueles que têm sonhos nos quais participam da cerimônia tiveram consciência da localização exata onde estavam, refletindo seu *status* evolutivo. Bailey descreve a atmosfera como algo caracterizado por "demanda, prontidão e expectativa", quando vai se aproximando o momento da lua cheia:

> Uma quietude se estabelece na multidão, e todos olham na direção nordeste. Têm lugar certos movimentos ritualísticos, nos quais os Mestres reunidos, e seus discípulos de todos os escalões, assumem posições simbólicas, formando no solo do vale símbolos significativos como a estrela de cinco pontas, com o Cristo em pé no ponto mais alto; ou um triângulo, com o Cristo no alto; ou uma cruz, e outras formações bem conhecidas, todas com

um significado profundo e poderoso. Isso tudo é feito ao som de certas palavras e frases esotéricas entoadas, chamadas mantras. A expectativa na multidão atenta fica muito grande, e a tensão é real e aumenta cada vez mais. Em todas as pessoas, parece haver uma vibração ou estímulo muito fortes, que faz com que despertem as almas daqueles presentes, fundindo e misturando todo o grupo num todo unido, elevando todos a um grande ato de demanda, prontidão e expectativa espirituais. É o apogeu da aspiração deste mundo, focalizado nesse grupo expectante.

Enquanto vão ficando mais fortes os cânticos e ondulações rítmicas, todos se voltam na direção da parte estreita do vale:

À distância, pode ser visto um pequeno ponto no céu. Ele vai se aproximando cada vez mais, vai ficando cada vez mais nítido e com perfil definido, até que a forma do Buda pode ser vista, sentado na tradicional posição búdica, com as pernas cruzadas, vestindo seu manto cor de açafrão, envolto em luz e cor, com Sua mão estendida numa bênção. Quando Ele chega a um ponto exatamente sobre a rocha, flutuando no ar sobre as cabeças dos três Grandes Senhores, um grande mantra, usado apenas uma vez por ano, no Festival, é entoado pelo Cristo, e todo o grupo de pessoas do vale se prostra ao chão. Esta Invocação cria uma grande vibração ou corrente de pensamentos, cujo poder é tamanho que sai do grupo de aspirantes, discípulos ou iniciados que a produz e chega até Deus. Ela assinala o momento supremo do intenso esforço espiritual realizado ao longo do ano: a revitalização espiritual da humanidade e os efeitos espirituais duram os meses seguintes. O efeito dessa grande Invocação é universal, cósmico, e serve para unirmo-nos com o centro cósmico de força espiritual do qual todos os seres criados provêm. A bênção espalha-se e o

Cristo – como Representante da humanidade – recebe-a em confiança, para distribuí-la.[97]

Então, quando o Buda desaparece, a vasilha de água (que foi magnetizada pela cerimônia) é distribuída pelos Mestres, iniciados, discípulos e todos os presentes. Se acreditarmos na possibilidade de que esse sonho é real, certamente todos nós vamos, com todas as nossas forças, querer participar desse evento. Basicamente, o que nos pedem é que sejamos canais puros, com mentes livres.

O Tibetano escreveu: "Nenhum preço é grande demais a se pagar para sermos úteis à Hierarquia na época da lua cheia de maio; nenhum preço é elevado demais para obtermos a iluminação espiritual que podemos obter, especialmente nessa época".[98] Ele nos pediu para nos esforçarmos para ter "silêncio interior, pensamento introspectivo, autocontrole e meditação; perdão para nossos próprios erros e atenção às oportunidades".[99]

A lua cheia de Wesak é conhecida como a lua cheia do Buda. O Buda nasceu sob o signo de Touro, atingiu a iluminação e morreu sob a vibração desse signo. Ensinou um meio para aclarar a mente que está simbolizado em palavras-chave de Touro: "Eu vejo, e quando o olho está aberto, tudo é luz". Através dos tempos, os festivais religiosos foram comemorações de eventos e de mestres espirituais que viveram e morreram há muitos anos. Ao rumarmos para o futuro, nossa compreensão da religião vai se afastar dessa recordação de coisas passadas e de mestres espirituais da antiguidade, passando a um reconhecimento da vivacidade dos eventos que estão tendo lugar agora.

Essa observação do Festival de Wesak faz parte dessa mudança na percepção da vivacidade. E, embora esse seja o Festival do Buda, não é o Buda de 2.500 anos atrás que está sendo celebrado, mas o Buda de hoje, e a mensagem de cura que ele vem trazer a um mundo necessitado. A cerimônia de Wesak está relacionada com a intenção maciça da Hierarquia e a demanda maciça dos buscadores mundiais. Essa demanda maciça, por sua vez, é provocada pela necessidade coletiva de pessoas do mundo inteiro. E por toda parte podemos sentir essa necessidade da humanidade. Graças a nosso esforço unido, podemos fazer uma contribuição para o grande trabalho de redenção planetária que está em curso.

Durante éons, a humanidade foi um ponto de ruptura em meio à circulação do fluxo divino de energia, pois demos as costas para a luz e nos recusamos a aceitar a responsabilidade que nos estava sendo oferecida – a de sermos um reino de mediação entre os mundos espirituais superiores e os três reinos inferiores – o animal, o vegetal e o mineral. Mas essa ruptura está sendo reparada, ou restaurada, pois um número cada vez maior de pessoas está se tornando consciente e aceitando a responsabilidade pela restauração desse fluxo circulatório divino. Shamballa e a Hierarquia dependem da evocação da "demanda" dos buscadores mundiais. Graças à intermediação do Buda na época da lua cheia de Touro, essa demanda pode ser focalizada e direcionada, chegando diretamente a Shamballa, o centro luminoso situado ao longe.

Nessa época, todos os anos, pedem-nos que façamos um esforço coletivo para superar a inércia e fazermos o que for possível para trabalhar em conjunto com os demais a fim de abrir caminho para a luz. Embora sejamos poucos, nossa força é grande. Por isso, devemos rejeitar o pensamento de que somos relativamente imprestáveis, insignificantes e fúteis, e percebemos que agora, neste momento crítico, podemos ter forças. O mundo está equilibrado no fio da navalha.

O Buda e o Mestre do Mundo personificam os dois aspectos do Segundo Raio do Amor-Sabedoria. A lua cheia de maio é consagrada ao Buda, que personifica o aspecto de sabedoria do segundo raio, enquanto a lua cheia de junho é dedicada ao Bodhisattva (o Mestre do Mundo, que os cristãos conhecem como o Cristo), a personificação do aspecto de amor. Na lua cheia de junho, o Mestre do Mundo liga a Hierarquia à humanidade. A tarefa da humanidade consiste em focalizar intensamente sua aspiração coletiva, num apelo unido e invocativo à divindade, para que grandes e poderosas energias possam cair sobre a Terra.

Na época da lua cheia de Gêmeos, o Mestre do Mundo focaliza os apelos, as preces e as demandas humanas; transmite-as num ato de intenção espiritual à Shamballa;[100] e os espalha num grande ato de bênção. Todos os anos, na lua cheia de junho, o amor de Deus, "a essência espiritual do fogo solar", atinge o mais alto ponto de expressão.[101] Nessa época, o Mestre do Mundo se posta diante da Hierarquia reunida e recita o último sermão do Buda, as Beatitudes e uma Invocação especial.[102]

O original em inglês do último sermão do Buda foi extraído de *The Gospel of Buddha*, editado por Paul Carus e publicado em 1894.*

"Eu agora estou velho, Ananda, envelhecido;
minha jornada chega ao fim,
atingi a soma de meus dias,
tenho oitenta anos.
Assim como uma carroça velha só pode ser puxada com grande
    dificuldade,
o corpo do Tathagata só pode ser mantido com muitos cuidados
    especiais.
Só, Ananda, quando o Tathagata,
através da não atenção a qualquer coisa externa,
entra e permanece na meditação devota do coração
que não se ocupa de nenhum objeto corpóreo,

---

* A versão em português foi adaptada de um texto publicado no site http://www.acessoaoinsight.net/caminho_liberdade/buda.php (N. do T.).

o corpo do Tathagata ficará mais confortável.

Portanto, ó Ananda, sejam lâmpadas para vocês mesmos.

Confiem em vocês mesmos, e não confiem em ajuda externa.

Apeguem-se à verdade como a uma lâmpada.

Busquem a salvação apenas na verdade.

Não procurem a assistência de ninguém, senão de vocês mesmos.

E como, Ananda, um irmão pode ser uma lâmpada para si mesmo,

confiando apenas em si mesmo e não em algum auxílio externo,

apegado à verdade como sua lâmpada

e buscando a salvação apenas na verdade,

não buscando nenhuma assistência em ninguém, exceto em si
mesmo?

Neste caso, ó Ananda, um irmão,

enquanto habita o corpo, permanece contemplando o corpo

de modo tal que, extenuado, pensativo e atencioso, pode,

enquanto está no mundo,

superar a dor que provém dos desejos do corpo.

Enquanto sujeito às sensações

permanece contemplando as sensações como sensações, de modo tal que,

extenuado, pensativo e atencioso, pode,

enquanto está no mundo,

superar a dor que provém das sensações.

E assim, também, quando ele pensa ou raciocina, ou sente,

que ele considere seus pensamentos

para que, extenuado, pensativo e atencioso, seja

enquanto está no mundo,

capaz de superar a dor que provém

do anseio provocado pelas ideias,

ou pelo raciocínio, ou pelo sentimento.

Aqueles que, ou agora, ou após minha morte,
permanecerem como uma lâmpada para si mesmos,
confiando apenas em si mesmos,
e não confiando em nenhuma ajuda externa,
mas mantendo-se apegados à verdade como sua lâmpada,
e buscando sua salvação apenas na verdade,
e não procurando a assistência
de ninguém senão de si mesmos,
serão eles, Ananda, entre meus *bhikkhus*,
os que atingirão a maior altura!
Mas é preciso que estejam ansiosos por aprender.

Desde 1952, esse dia também tem sido celebrado como o Dia da Invocação Mundial.[103] Este dia é sempre celebrado como um dia de prece e meditação, quando as pessoas fazem um apelo unido à divindade e se unem para usar a Grande Invocação. O uso desta poderosa prece confere a esse dia um profundo significado espiritual, pois forma um canal pelo qual a luz, o amor e o poder podem atingir e irradiar o coração e a mente de pessoas do mundo todo.

O Tibetano sugere as seguintes ações para a semana que precede as luas cheias de maio e de junho:

a. Una-se a todos os discípulos, aspirantes, homens e mulheres de boa vontade do mundo todo, de todas as nações, usando a imaginação criativa.

b. Elimine de sua consciência toda e qualquer negatividade, vendo-se nitidamente ao lado das Forças da Luz; portanto, você não nutre pensamentos neutros. Procure também se lembrar que, quando você age corretamente no conflito com as forças do materialismo, você preserva sempre o espírito do amor por todos os indivíduos que foram levados pelo turbilhão dessas forças.

c. Ao meditar e invocar as Forças da Luz, procure esquecer completamente suas dificuldades, tragédias e problemas pessoais. Os discípulos precisam aprender a levar a termo seu trabalho pela humanidade apesar dos estresses, das tensões e das limitações da personalidade.

d. Portanto, preparem-se para o trabalho das duas luas cheias, mantendo claramente seus objetivos em mente e submetendo-se a uma disciplina temporária adequada.

Nos dois dias que antecedem a lua cheia, no dia da lua cheia em si, e nos dois dias seguintes (totalizando cinco dias), procure repetir a Grande Invocação ao nascer do sol, ao meio-dia, às cinco da tarde e ao pôr do sol, bem como no momento exato em que a lua fica cheia no lugar onde você estiver, com a intenção de invocar, provocar e ancorar, na manifestação exterior, as Potências que aguardam o momento. Faça isso em voz alta quando for possível, e em grupo quando for viável. O poder concentrado de seu pensamento não emocional vai criar uma ponte sobre a atual lacuna, aproximando os dois mundos – a atividade espiritual e a demonstração humana.

Repita essa atividade durante três dias, todos os meses: no dia que antecede a lua cheia, no dia da lua cheia e no dia seguinte. Como exercício preliminar a esses três dias, você pode preparar-se por três dias, aumentando a eficiência de seus esforços.[104]

CAPÍTULO 11

DESAFIOS DO CAMINHO

Um aviso necessário

Não há regras rígidas a respeito de como cada pessoa pode ser afetada por sua dedicação ao caminho espiritual. Somos todos diferentes, com experiências de vida distintas que alteram nosso temperamento e condicionam nossas reações. Às vezes, nossa entrada no caminho pode nos colocar em contato com energias e forças que resultam em dificuldades e desequilíbrios maiores, para os quais não estamos plenamente preparados. Logo, embora seja importante enfrentar as dificuldades da vida com uma postura positiva, não devemos criar expectativas irrealistas acerca daquilo que teremos pela frente ao assumirmos esse trabalho. Fazê-lo provocaria julgamentos pessoais desnecessários caso não experimentássemos a iluminação que buscamos ou o alívio imediato de todas as dificuldades.

Às vezes, na ânsia de progredir espiritualmente, as pessoas se dedicam a práticas que se mostram excessivamente estimulantes – um excesso de meditação, de estudos intensos, de exercícios de respiração ou de raciocínio abstrato. Por isso, é uma pena que muitos mestres e livros encontrados hoje estimulem tais coisas. Geralmente, os professores propõem períodos intensos de meditação e de exercícios de respiração para os neófitos com a intenção de ativar conscientemente os centros espirituais e de forçar a ascensão da energia da kundalini. Os danos causados por essas práticas, tanto físicos quanto psicológicos, contribuem para formar a massa de pessoas que foram prejudicadas psiquicamente por se abrirem para forças e energias que normalmente não conseguem assimilar.[105] Essas situações são particularmente perigosas para os jovens, cujos veículos inferiores não estão plenamente maduros e que, por isso, ficam mais suscetíveis aos efeitos negativos.

Alguns dos sintomas dessa condição de hiperestimulação são intensa atividade mental, comportamento hiperativo e errático, estímulo sexual, insônia, uma sensação de ardência na área da coluna e dores de cabeça.[106] Também é possível que resultem dificuldades de um tipo oposto de problema. Às vezes, as pessoas criam problemas para si mesmas porque praticam meditação de maneira incorreta, tornando a mente passiva. Essa passividade, que resulta no entorpecimento das faculdades mentais, pode deixar as pessoas suscetíveis à entrada de poderosas energias negativas, que podem criar o caos em suas vidas. Essa atividade indevida com as células cerebrais pode produzir ilusões, visões psíquicas e, em casos extremos, o "complexo messiânico", no qual o indivíduo acredita que é um porta-voz dos Mestres ou de Seres espirituais extraterrestres e ainda mais elevados.

O treinamento espiritual deve ser feito com cuidado, com a vida cotidiana o mais natural e equilibrada quanto for possível. Se ocorrer uma hiperestimulação, deve ser encontrada uma solução. A melhor política consiste em deixar de lado qualquer trabalho espiritual, inclusive leituras e preces, enquanto as condições persistirem e até que o corpo tenha conseguido "selar" os portais de entrada desse estímulo e/ou das energias negativas. Nessas ocasiões, é interessante concentrar-se em questões práticas, do plano físico – trabalhos braçais, jardinagem, exercícios, serviços comunitários e uma vida normal e ativa. Não é bom permitir que a consciência vagueie continuamente para divagações místicas; o tempo da pessoa deve ser dedicado a um estudo prático e de interesse. Depois, quando a cura tiver se processado, a pessoa pode reassumir lentamente o trabalho espiritual, prestando sempre atenção à possíveis recaídas dos sintomas. A popular fábula da lebre e da tartaruga ajuda a lembrar que "devagar se vai ao longe".[107]

Perseverança

É normal surgirem problemas depois de um entusiasmo inicial pelo caminho, quando a vida se acomoda num ritmo estabelecido. Às vezes, a própria banalidade da vida mostra-se difícil, e a necessidade de prosseguir torna-se um de nossos maiores desafios. Suportar tudo e seguir em frente quando a vida já perdeu seu brilho exige uma condição da consciência que não está relacionada com a idade, mas com a maturidade espiritual. Ansiamos por um progresso que nos leve a uma luz e uma vivacidade maiores, mas normalmente o que encontramos é a mesmice de sempre. Comparamo-nos com outras pessoas e com os grandes mestres, e às vezes nos desesperamos com essa comparação. Percebemos claramente a imensa estrada que ainda precisa ser trilhada e sentimos que nos faltam forças para fazê-lo. Apesar de anos de estudos e de dedicação às nossas disciplinas espirituais, o progresso que fizemos parece minúsculo e totalmente insuficiente em comparação com aquilo que nos parece necessário realizar.

Então, ficamos fartos desse processo, impacientes e exigentes, como crianças mimadas. É neste momento que podemos sucumbir aos aspectos inferiores de nossa personalidade e entrar num desvio, uma variante da personalidade, ficando presos nas maquinações de nossa linha específica de menor esforço. Perdemos muito tempo e oportunidades nesse processo e cometemos erros, mas também podemos aprender valiosas lições, que nos trarão bons frutos no futuro.

Às vezes, o melhor que temos a fazer quando nos vemos diante dos desafios da vida é perseverar. Acontece com frequência de nos afastarmos de certas situações e vermo-nos posteriormente diante das mesmas lições. No mais das vezes, a perseverança é um caminho sábio, que nos permite incorporar um ritmo à nossa estrutura de vida. Esse ritmo nos leva em frente mesmo quando não estamos muito dispostos. No entanto, é preciso tempo e disciplina para desenvolver esses ritmos.

A vida moderna move-se rapidamente, e as pessoas ficam distraídas e com pouca paciência para qualidades que exigem certa paciência e isolamento para serem desenvolvidas. Normalmente, focalizamos metas externas, tangíveis, vendo poucos méritos em verdades eternas ou em realizações que parecem nebulosas e sem comprovação. As pessoas se entediam facilmente e procuram mudar constantemente em todos os aspectos de suas vidas, inclusive no espiritual. Muita gente vai de um caminho para outro, de um grupo para outro, com velocidade alarmante, procurando resultados imediatos e fáceis, sem se dar tempo para ir além da superfície de qualquer um deles.

No entanto, as metas espirituais levam tempo e exigem dedicação. Não é possível, por exemplo, comprar a iniciação ou atingir a realização espiritual com um curso rápido, que produziria desenvolvimentos reais e duradouros em sua consciência. Com efeito, normalmente são necessários anos de prática firme e discreta, sem muitos resultados externos. Mas também é verdade que hoje muitas pessoas, especialmente as mais jovens, estão encarnando preparadas, plenamente capazes de entrar no caminho, tendo obtido um desenvolvimento espiritual em encarnações anteriores.

Muitos percebem que quando o caminho espiritual é iniciado com determinação, muitos fatores conspiram, tanto em nosso íntimo quanto no ambiente, para nos deter e afastar da rota. As forças da personalidade são muito fortes e não cedem facilmente aos ritmos da alma. Sem dúvida, basta fazer um esforço sério para se dedicar a esse caminho e perceberá por si mesmo. Você será testado repetidas vezes e de formas que provavelmente nem sequer poderia imaginar.

Em última análise, é importante compreender que nunca recebemos um fardo maior do que nossas capacidades, embora, no meio da crise, tenhamos uma impressão diferente. Nesses momentos, ficamos reativos e mergulhamos no eu-personalidade, com todos os seus aspectos negativos. Se não tomarmos cuidado, essa condição pode nos impedir de aprendermos a lição e de aproveitarmos a oportunidade que nos está sendo oferecida. Uma das coisas mais importantes que aprendemos durante essas crises é enfrentá-las com mais maturidade e sabedoria, com equanimidade e força. Como as crises abalam nossas vidas até a base, trazem à tona novas qualidades e oportunidades que nos permitem percorrer caminhos que nunca conheceríamos se não fosse por elas.

A nova psicologia e a cura espiritual

Como resultado desses estímulos atuais, o desequilíbrio mental e o emocional aumentaram exponencialmente. Algumas dessas condições podem, na verdade, ser vistas como consequências de uma prematura "penetração" ou abertura de portas da percepção.

Todo o campo da psicologia está passando por um período de transição, procurando atender às necessidades mutáveis e crescentes das pessoas nos dias de hoje. A saúde mental é uma ciência sutil, e conhecemos relativamente pouco sobre as complexidades e profundezas da mente. Como temos mais psicólogos investigando e incorporando estudos e pesquisas sobre os corpos de energia e os ensinamentos sobre os sete raios em seus atendimentos, todo o campo vai se expandir e aprofundar.

No futuro, a psicologia será a ciência mais proeminente, pois será reconhecida como a forma pela qual podemos fazer aflorar todo nosso potencial. Os psicólogos vão entender que a meta de toda análise bem-sucedida é a integração e o alinhamento dos três veículos inferiores da personalidade com a energia envolvente da alma. A arte da cura espiritual e natural está em sua infância, mas ganhará destaque na era vindoura, e a psicologia esotérica fará parte integral desse trabalho.[108] O resultado final de toda prática espiritual é a capacidade maior de curar. Neste sentido, escreveu o Tibetano: "Aqueles que usam esse poder apenas em nome dos pequenos, sem procurar recompensa pessoal, podem manifestar o antigo meio de curar..."[109] Quando a humanidade desenvolver seu potencial espiritual, muitos outros indivíduos terão o poder de aliviar o sofrimento. E surgirão cada vez mais grupos de cura compostos por pessoas que vão trabalhar discretamente, por trás dos bastidores, com pouco ou nenhum reconhecimento pessoal – usando as técnicas da cura esotérica.[110]

Um número cada vez maior de médicos e psicólogos está começando a usar em seu trabalho métodos de cura e medidas preventivas mais naturais. Essas técnicas não costumam dar os resultados rápidos que o mundo contemporâneo espera – e que a medicina convencional oferece sofregamente – para aliviar a dor e o sofrimento. Mas com o tempo, em alguns casos, métodos mais naturais de cura podem levar a uma maior sensação de bem-estar. E embora medicamentos psiquiátricos tenham contribuído bastante para ajudar pessoas cujas vidas seriam absolutamente descontroladas se não fosse por eles, há alternativas, e os medicamentos não devem ser vistos como uma panaceia. É preciso fazer mais pesquisas com tratamentos que saem dos limites da poderosa indústria farmacêutica. Hoje, muitas pessoas estão adotando tratamentos naturais, menos invasivos, com menos efeitos colaterais negativos do que os medicamentos psiquiátricos tradicionais. A incrível abertura e disposição para experiências que vemos hoje no campo da cura alternativa é estimulante, e são muitas as promessas de novas técnicas de alívio do sofrimento.

Deve ser dito que as práticas espirituais não devem ser combinadas com medicamentos psiquiátricos. As pessoas devem ficar bem cientes de que é preciso interromper essas práticas até poderem abrir mão dos medicamentos sem causarem mal a si mesmas. A meditação leva energias poderosas ao cérebro, e o estímulo pode ter consequências adversas em pessoas cuja natureza carece da estrutura necessária. Naturalmente, o mesmo aviso vale para qualquer outro tipo de substância que altera a mente.

CAPÍTULO 12

DISCRIMINAÇÃO E LIBERTAÇÃO

O Buda incentivou cada um de nós a ser "uma lâmpada para nossos próprios pés". Em outras palavras, ele nos pediu para pensarmos por nós mesmos e para seguirmos a verdade, e não personalidades. A discriminação é uma qualidade essencial a ser cultivada nesse processo, pois nos permite enxergar além da superfície dos eventos externos e nos tornarmos autoconfiantes, aprendendo assim a ver a vida com mais clareza.

Às vezes, porém, no esforço de evitar os perigos da crítica, os buscadores deixam de desenvolver e de exercer seu poder de discriminação, acreditando, erroneamente, que para sermos verdadeiramente espiritualizados, temos de manter uma abertura e uma fluidez generalizadas com relação a pessoas e eventos. Afinal, os grandes mestres nos pediram para que oferecêssemos a outra face e fôssemos "mansos". Mas talvez soframos sob o peso de traduções malfeitas e da interpretação errônea de antigas instruções que, por sua vez, levam a uma forma enganosamente passiva e negativa de experimentar a vida e seus eventos. Esquecemo-nos de que a maior expressão de amor que já caminhou sobre a Terra deixou muitos exemplos de vontade e de ação imperiosa em sua vida de serviço. No entanto, ele mantém um amor abrangente pela humanidade, que é a qualidade por trás de tudo que ele fez.

Buscadores que não desenvolvem seu senso de discriminação podem acabar se vendo em situações que deveriam ser evitadas. É preciso cautela no trabalho espiritual. Cristo disse que antes de sua segunda vinda, o mundo estaria coberto de falsos profetas, e é o que vemos hoje. Portanto, é uma boa ideia sermos cautelosos e investigarmos qualquer ensinamento ou mestre com discriminação antes de nos envolvermos; do contrário, podemos acabar num caminho escorregadio. Nestes dias, é fácil sermos levados pela fala macia e aparentemente nobre de muitos indivíduos e grupos. Portanto, é melhor lermos muito e ficarmos atentos. Muitos professores e grupos espúrios fazem alegações que podem enganar os buscadores ingênuos ou desajuizados, distorcendo as verdades espirituais que lutam para ganhar a luz do dia. Essas alegações demonstram os perigos bem reais do plano astral e sua propensão para a ilusão.

Muitas pessoas aparentemente sinceras têm sensações que parecem bem reais, e que elas alegam provir de fontes espirituais superiores. Infelizmente, esses contatos costumam provir de "cascas astrais" – formas ou imagens dos grandes mestres que existem claramente no plano astral da percepção, mas que não têm base na realidade. Precisamos ter consciência do poder, o poder e o magnetismo pseudoespirituais induzidos psiquicamente, conscientemente ou não, desses professores que mantêm contato com essas cascas astrais. Se não tomarmos cuidado, ver-nos-emos presos involuntariamente a uma rede da qual será difícil escapar. No mínimo, ficaremos fora do caminho, e nesta época em que todas as mãos são necessárias, isso é um luxo ao qual não podemos nos dar.

Embora algumas pessoas possam ansiar por serem reconhecidas por um professor, e até pensem que merecem isso, a verdade é que, se alguma vez foram capazes de entrar em contato com um verdadeiro mestre, a vibração os teria "esmagado", como gosta de dizer um colega de jornada. A augusta intensidade que emana de um Mestre da Sabedoria seria terrível e perigosa por causa do caráter grosseiro dos veículos inferiores do buscador despreparado e incapaz de suportar essa vibração. Além disso, devemos lembrar que os grandes mestres não estão ansiosos por nos conhecer, pois, no início desse relacionamento, representamos, mais do que uma vantagem, um problema para o trabalho que precisa ser feito. Assim sendo, devemos deixar de nos preocupar em manter contato com os mestres. Mas quando o aluno está pronto, aparecerá um mestre que dará o estímulo necessário para que ele dê o próximo passo.

Num determinado estágio do caminho, geralmente somos orientados por alguém que está no plano físico e nos serve de mentor ou de modelo. Com certeza, essa pessoa não é um Mestre da Sabedoria, mas alguém que recebeu o papel de lidar com os estudantes na fase probatória. Se encontrarmos alguém assim, será um sinal de boa sorte, pois podemos aprender muito com ele. Essas pessoas nos proporcionam a evidência tangível daquilo que significa viver num ponto de tensão espiritual, em linha com a intenção da Hierarquia. Eles tornam real o teórico. Esses relacionamentos, por mais gratificantes que sejam num dado nível, podem ser extremamente difíceis em outro, pois ficamos associados com um poderoso campo de energia com o qual não estamos acostumados e ao qual nosso corpo precisa se ajustar. No início, isso causa uma ruptura e um doloroso processo de mudança e de reorientação enquanto nos ajustamos a uma frequência vibratória superior.

Os ritos do contato

A relação entre alunos e mestres interiores baseia-se no trabalho que precisa ser feito, e não está relacionado com a personalidade ou com os problemas que se manifestam no plano físico. Essas coisas devem ser resolvidas por nós mesmos. Precisamos aprender a nos manter naquele espaço onde tudo é revelado. Os mestres não estão preocupados com nossas personalidades, nem com nossos defeitos, limitações ou preferências. Estão apenas à procura de nossa luz e de nossa disposição para subordinar nossa personalidade ao Plano. Como disse um mestre sobre a relação entre alunos e mestres: "Conheçam-nos como pessoas sãs e equilibradas, que ensinam da forma como ensinamos na Terra; não elogiamos nossos alunos, nós os disciplinamos. Nós mostramos o caminho, mas não os forçamos a ir adiante alimentando suas ambições com promessas de poder; damos-lhes informações e mostramos como usá-las em seu trabalho, sabendo que o uso correto do conhecimento leva à experiência e à realização da meta".[111] Os mestres nos observam segundo a perspectiva de longos ciclos de tempo, no decorrer de diversas vidas diferentes. Em última análise, nós só importamos para eles se pudermos ajudar a dar prosseguimento ao trabalho espiritual do planeta (em todas as suas incontáveis manifestações) e se aliviarmos um pouco o fardo daqueles que poderão, com isso, ficar livres para assumir outras responsabilidades.

Geralmente, as pessoas acham que, se forem boas, obedientes e altruístas, um dia algum Mestre irá entrar em contato com elas como sinal de reconhecimento ou agradecimento pelo bom trabalho que fizeram, mas não é assim que funcionam as coisas. Podemos presumir que, se um Mestre despende a energia necessária para entrar em contato com um de seus alunos em fase probatória, geralmente é na forma de um aviso e da necessidade de correção. Às vezes, porém, no caso de um trabalhador estimado e de confiança que fez bons progressos, uma palavra ou visão do Mestre pode fazer diferença, pode reverter uma tendência e fazer com que o indivíduo se sinta estimulado a realizar um trabalho que pode ser útil para o ashram, como foi o caso de Alice Bailey. De modo geral, porém, devemos deduzir as coisas e resolver os problemas por conta própria – pois é resolvendo problemas que crescemos e aprendemos muitas lições valiosas. Alice Bailey também nos pediu para lembrarmos que mesmo que não recebamos respostas de um Mestre para um pedido sincero de ajuda, não devemos presumir obrigatoriamente que nosso pedido não foi ouvido. Talvez não recebamos a resposta no momento em que a formulamos ou do modo como esperávamos, mas podemos presumir que fomos ouvidos.

Essa aparente falta de contato ou de interesse por parte dos grandes mestres em relação à vida pessoal de seus alunos é um ensinamento duro demais para que alguns compreendam e aceitem. No entanto, o paradoxo essencial é que só merecemos o tempo e a atenção de um mestre interior quando atingimos um nível de consciência que não mais pensamos nesses termos. O contato fica possível quando a consciência se torna tão descentralizada e desapegada de preocupações pessoais e de mensagens especiais que a identidade individual começa a ficar para trás, sob o panorama da vida que vai se desenrolando.

Os problemas da devoção

O problema do discípulo consiste em chegar a um ponto no qual ele não se sente prejudicado ou bloqueado por qualquer ser humano, comportando-se, ao mesmo tempo, de maneira a não prejudicar ninguém nesse processo de recolhimento. Os desejos e apegos da personalidade externa são tão fortes que seus encantos e ruídos impedem-nos de perceber o cordão dourado que nos liga a outra alma. Do mesmo modo, o estímulo excessivo de outra pessoa pode ser um problema grave. As correntes devem ser rompidas, deixando apenas um cordão de ouro entre cada alma – um cordão de ouro que não pode ser rompido.

Alice Bailey, *Discipleship in the New Age, Vol. I*

Nenhum devoto é independente; ele é prisioneiro de uma ideia ou de uma pessoa.[112]

Alice Bailey, *Discipleship in the New Age, Vol. II*

A devoção a um mestre ou a uma causa pode ser egoísta se bloquear nosso contato com as pessoas ou com outros grupos, levando-nos a focalizar apenas nosso trabalho especial, nossa missão especial no mundo e nosso relacionamento especial com o mestre. Encontrar a forma correta de canalizar nossa devoção é um dos desafios do caminho. A mudança que está acontecendo agora, quando saímos da influência de Peixes e passamos para a esfera de Aquário, poderia, de certo modo, ser caracterizada pela mudança da qualidade de *devoção* para a de *fraternidade*. A fraternidade é a essência do Plano que está em ação no planeta neste momento. Se permitirmos indevidamente que a devoção nos condicione, ela enfraquecerá nossa determinação e irá nos manter sob o jugo das energias piscianas que estão nos deixando. Isso não é bom, e nenhum professor sincero exigiria isso ou estimularia a devoção em seus alunos. A qualidade da fraternidade, por sua vez, detém a possibilidade de expandirmos muito nossa visão de mundo, integrando-nos com toda a humanidade. A noção de fraternidade não repele a necessidade de líderes, mas confere o ônus da responsabilidade sobre os líderes, obrigando-os a agir em concerto com as novas energias de um paradigma coletivo que apoia os membros dos grupos, em lugar de procurar dominá-los.

Quanto aos problemas associados com a devoção, é interessante ler o que o Tibetano, numa de suas raras referências pessoais, escreveu sobre uma aparente vida de fracassos que ele teria experimentado há algumas existências.

Há muitas vidas, meu Mestre viu uma fraqueza minha. Foi uma fraqueza da qual eu não estava consciente; na verdade, era considerada um ponto positivo, e eu me apeguei a ela como se fosse uma virtude. Na época, eu era jovem e ansioso por ajudar meu Mestre e a humanidade, mas, em última análise, estava muito contente por ser um aspirante e muito satisfeito comigo mesmo –

mascarando essa satisfação sob o manto de uma reiterada humildade. O Mestre me transmitiu Suas forças e energia, e me estimulou tanto que percebi que aquilo que eu considerava uma virtude e que havia negado e repudiado como um vício causou minha queda. Simbolicamente, caí ao chão por causa do peso de minha fraqueza. Provavelmente, você quer saber qual foi minha fraqueza, não? Foi meu amor pelo Mestre que causou minha queda. Ele me mostrou, após esse fato, que meu amor por Ele baseava-se, na verdade, no orgulho por mim mesmo e numa profunda satisfação com o fato de ser um aspirante e discípulo. Neguei tudo isso com veemência, e fiquei chocado por Ele me interpretar tão equivocadamente. Mais tarde, porém, mostrei que Ele estava certo, pois minha vida foi um fracasso e meu egoísmo, profundo. Aprendi com esse erro, mas perdi muito tempo do ponto de vista do serviço útil. Descobri que na verdade eu estava servindo a mim mesmo, e não à humanidade. De erros similares, procuro poupá-lo, pois o tempo é um fator importante no serviço. Para a massa da humanidade, o tempo não é lá muito importante; mas para os servidores da raça, ele importa, e muito. Portanto, não perca tempo em se analisar, em se depreciar ou em se defender. Siga em frente com discriminação no que diz respeito ao seu desenvolvimento, ajude com amor e compreensão o seu grupo. No que diz respeito a mim, seu mestre, dê às minhas palavras a devida atenção e procure cooperar comigo. Assim, algum dia, terei a alegria de recebê-lo no "Lugar Secreto" onde todos os verdadeiros servidores e iniciados devem acabar se encontrando e se unindo.[113]

Impressões dos planos interiores

A discussão das experiências interiores é um tema sobre o qual muitos buscadores sinceros se mostram reticentes. É natural, pois são feitas tantas falsas alegações que o buscador sensível acaba seguindo seu próprio instinto. Às vezes, porém, como parte do processo de desenvolvimento da consciência de grupo e de um espírito cooperativo, pode ser útil compartilhar essas experiências para fortalecer os vínculos entre os membros do grupo. O mestre Tibetano apresentou-nos ricas informações, que nos ajudam a distinguir a verdade da falsidade. Entretanto, de um modo geral, o público se vê numa desafortunada situação, pois é informado sobre essas coisas por meio de livros e de palestras de pessoas cujos contatos não são reais e cujo foco recai sobre personalidades e não sobre o serviço à humanidade.

Às vezes, logo que acordamos, podemos receber impressões dos planos interiores. Esses momentos propiciam a abertura de uma porta de percepção, pela qual se torna possível a fusão entre o mundo interior e o exterior. As limitações normais estão fracas, e a mente é envolvida por uma realidade mais profunda, que abrange grandes panoramas, conjuntos sintéticos, numa aparente percepção total que raramente é possível no estado normal de vigília. Assim, o desafio consiste em captar ou concretizar essa informação de maneira a torná-la compreensível para a consciência da vigília sem perder o fio ou conexão nesse processo de manifestação. Às vezes, as pessoas experimentam poderosos fluxos de energia da kundalini durante a noite. No início, essas experiências podem ser assustadoras por causa da intensidade do estímulo.

Alice Bailey faz um relato interessante e divertido em seu livro *Unfinished Autobiography* acerca de uma tentativa de entrar em contato com o mestre Tibetano. Ela fala de um indivíduo muito sincero, associado dela, que queria ir ao Tibete para contatar o Tibetano. Ele queria fazer essa viagem para informar ao Tibetano que ele deveria ser mais brando com Alice, pois ela estava muito cansada. Bailey riu e lhe disse que, se ele quisesse mesmo contatar o Tibetano, poderia fazê-lo de onde se encontrava, desde que tomasse as medidas apropriadas em sua consciência. Ela disse que ele não precisava ir correndo até o Tibete para fazer esse contato. No entanto, esse homem estava firmemente disposto, e em sua segunda viagem um lama saiu da Índia para encontrá-lo, rodeado por outros grandes lamas da região. O lama perguntou sobre o trabalho que estava sendo realizado em Nova York e quis saber como estava Alice Bailey, dando ao homem dois grandes maços de incensos para ela. Esse lama disse ao amigo de Alice que era o prior de um grande mosteiro no Tibete. Mais tarde, o amigo de Alice contou essa história a um general tibetano de Darjeeling, que disse que ele deveria ter se enganado, pois esse lama era um homem muito especial, um santo, que nunca se aventuraria pela Índia, especialmente para se reunir com um ocidental. Entretanto, depois esse encontro foi mesmo confirmado. Mas na época o homem não soube que o grande lama era, na verdade, o Mestre Djwhal Khul, que trabalhava com Alice Bailey. Bailey disse que esse exemplo mostra que poderíamos muito bem estar na presença de um Mestre sem nos darmos conta disso, a menos que desenvolvêssemos o mecanismo interior de identificação. Essa história pode até incentivar algumas pessoas a correrem até a Índia e o Tibete na esperança de entrar em contato com um mestre. É bem provável que voltem de lá desapontadas.

O Tibetano diz que respostas sensíveis às impressões dependem de vibrações e karmas semelhantes.[114] Quando vamos fazer contato com nosso grupo interior, estamos, do mesmo modo, sob a influência dos mestres interiores que ficam no centro desses grupos. O alinhamento com esse centro pode produzir a sensação de expansão interior, uma plenitude nos veículos inferiores, mesmo que por um instante, antes de perdermos rapidamente a conexão e nos vermos voltando ao mundo material e conhecido. Mas, com o tempo, o contato vibratório torna-se mais frequente, de tipos variados e de maior duração, o que exige ajustes nos veículos para ser preservado. O indivíduo estabelece as condições adequadas ou, na linguagem dos ensinamentos, "engendra uma aura sobre a qual podem ser representadas as mais elevadas impressões". O mestre, por seu lado, trabalha os veículos sutis do aluno e aplica estímulos quando necessário, especialmente em períodos de meditação e durante as horas de sono.

O Tibetano diz que, com o passar do tempo, teremos condições de distinguir os diferentes tipos de vibração a que estamos sujeitos – por exemplo, aquelas que emanam da alma, do ashram, do Mestre e do nosso grupo de discípulos.[115] Cada vibração tem uma "coloração" diferente, uma sensação e uma nota diferente, registrada em cada centro de acordo com a natureza da vibração. Essas vibrações, que os tibetanos chamam de "presentes de ondas" do espírito, podem passar por nós em nossos períodos de meditação, mas também em qualquer momento do dia. Os desenvolvimentos progressivos da consciência, que ocorrem entre os mestres interiores e seus alunos, são explicados bem detalhadamente no final do livro *Discipleship in the New Age, Vol. I*, numa seção intitulada "Os seis estágios do discipulado".

CAPÍTULO 13
INICIAÇÃO

> O trabalho da iniciação consiste em habilitar um homem [ou uma mulher] a viver sempre no centro, e a agir como distribuidor de energia divina em qualquer direção e – após as iniciações finais – em todas as direções.
>
> Alice Bailey, *A Treatise on White Magic*

PENSAMENTOS INTRODUTÓRIOS

Quando falamos do processo de iniciação, entramos num assunto envolvido em mistério e em muita confusão. Devido ao poder das energias liberadas durante os ritos de iniciação, através dos séculos esses ensinamentos têm permanecido secretos, escondidos e protegidos daqueles que não estão preparados, inseridos em textos antigos, em ritos e escritos simbólicos. Hoje, alguns dos véus que cercam esse ensinamento estão sendo erguidos em função do grande número de pessoas prontas para o treinamento.

A iniciação diz respeito à capacidade de ficar diante da luz e, a partir dessa luz, avançar por suas manifestações mais profundas. A iniciação já foi definida simplesmente como "entrar em"[116] um novo estado de consciência. São cinco as iniciações primárias para a humanidade, mas não há linhas demarcatórias claras entre elas. O caminho traz mutações e recapitulações constantes, pois passado, presente e futuro se misturam num incessante mosaico de transformação. Às vezes, somos levados para bem perto da luz, e em outros momentos, tudo parece sombrio e fútil; alguns chamam a isso a experiência de "colinas e vales" do caminho.

Até o final da era, dois terços da humanidade terão adotado uma das iniciações.[117] De acordo com os ensinamentos da sabedoria, uma das principais razões para o Mestre do Mundo estar aparecendo nesta época é justamente para ajudar a esclarecer a iniciação; com isso, ela deixará de ser um mistério.

AS CINCO INICIAÇÕES

O processo de iniciação começa com uma tremenda reorientação interior da consciência, que se dá na época da primeira iniciação, quando pomos, pela primeira vez, os pés no caminho de retorno, e os mundos interiores tornam-se reais e poderosos para nós. Essa iniciação é conhecida como o Nascimento.[118] Nesse sentido, é interessante observar a ênfase que os cristãos evangélicos dão ao conceito de "nascer novamente" para uma nova vida em Cristo. Esse novo nascimento é o símbolo do início de uma longa jornada interior de transformação.

A alma se comunica com "seu reflexo" (a personalidade) por meio de respostas rítmicas, e assim, quando começamos a instituir uma medida de ordem e disciplina em nossas atividades cotidianas, facilitamos o influxo de energia da alma. Podemos ver isso acontecendo hoje, com um foco cada vez maior sobre a disciplina física através dos esportes, de educação física, vegetarianismo, as diversas formas de yoga e práticas espirituais e meditativas. Todas essas medidas contribuem para um refinamento físico que prepara o corpo para o trabalho espiritual. A reorientação da vida que resulta da primeira iniciação costuma ser precedida por um período de dor e ruptura, e por uma insatisfação com as coisas do mundo. É uma época de decisão, uma época interessante, em que a consciência flutua sobre a fronteira da revelação e, com algum esforço, o conteúdo da vida pode passar para um nível superior.

Como mencionado antes, o caminho é longo e o ser humano o percorre mediante uma longa série de vidas. O grau de progresso varia de pessoa para pessoa; algumas podem progredir mais depressa do que outras. Isso não significa necessariamente que são mais espertas; no entanto, pode ser que sejam mais sábias – talvez cometam menos erros, sendo por isso menos assoberbadas pelas armadilhas da vida do que uma alma antiga (do ponto de vista do tempo passado no processo de evolução). E embora muitas almas antigas possam ter dons bastante desenvolvidos no nível da personalidade, ainda assim se esforçam para aprender as lições do desapego e da humildade que Cristo conheceu há éons. Veem-se em situações difíceis, mas a qualquer momento podem tomar decisões que as reorientarão rapidamente na corrente da vida. Depois, podem progredir depressa e dar grandes passos dentro de uma única existência, permitindo que o indivíduo ganhe impulso, como nas experiências de conversão de certas almas, dentre as quais a mais notável foi a de São Paulo.

Mas também é verdade que podem se passar muitas vidas nas quais se faz pouco ou nenhum progresso. Alguns as chamam de vidas de interlúdio, e geralmente são épocas em que as mudanças se processam internamente, nos recônditos da consciência. Por isso, é interessante não julgar ninguém que passa por nós durante a vida, pois algumas pessoas estarão na maré alta e outras na baixa em seus ciclos de manifestação.[119] Todos os ciclos são importantes e contribuem para a expansão da vida. Esses pontos só estão sendo tratados para oferecer uma visão da complexidade desse processo de desenvolvimento evolutivo e de determinação de nosso lugar ao longo do caminho.

Muitas pessoas vão passar pela primeira iniciação durante este ciclo planetário da Era de Aquário. Mas um número cada vez maior também está se preparando para a segunda iniciação, de modo que agora a humanidade está se deparando com a segunda iniciação numa "escala relativamente ampla". Milhares de pessoas vão passar por essa experiência durante o ciclo atual.[120] Essa iniciação, às vezes conhecida como Batismo, relaciona-se com o controle e domínio do veículo astral ou emocional, fluido e aquoso. A batalha no plano astral é intensa neste estágio de desenvolvimento, e cria muitas emoções conflitantes que podem causar muita confusão na vida. Esses conflitos e crises fazem da segunda iniciação uma empreitada longa e difícil. Portanto, uma das principais qualidades necessárias para se passar pela segunda iniciação é a perseverança.

É possível que passem muitas vidas entre a primeira e a segunda iniciação, vidas de aparente sombra e de lento e discreto crescimento interior. Na segunda iniciação, o indivíduo demonstra controle emocional – não sob todas as circunstâncias e situações, mas como uma tendência geral. Ele aprende a usar a mente como um "agente de desencantamento", fazendo com que as neblinas e névoas do plano astral se dissipem. Eis o que o Tibetano escreveu a respeito desse estágio:

> Talvez você prefira um modo mais lento e fácil. Se for este o caso, cabe inteiramente a você, e você ainda está no caminho. Você ainda é uma pessoa construtiva e útil. Estou simplesmente colocando-o diante de uma das crises que aparecem na vida de todos os discípulos, situações nas quais é preciso tomar decisões que são determinantes para um ciclo, mas apenas para um ciclo. Isso significa eliminar o que não é essencial e concentrar-se no essencial – o essencial interior, que diz respeito à alma e sua relação com a personalidade, e o essencial exterior, que diz respeito a você e a seu ambiente.[121]

O período mais difícil do caminho fica entre a segunda iniciação e a terceira: é a época em que se dá a verdadeira batalha travada pela alma pelo controle da personalidade. O estágio após a segunda iniciação é bem simbolizado pela experiência de Sagitário, na qual o indivíduo passa rapidamente pela planície e vai de ponto em ponto, de meta em meta. O indivíduo conscientiza-se da simplicidade essencial da vida, tal como ela é vivida nos reinos superiores da consciência. Unidade, síntese, a inter-relação de tudo que existe – eis o desenvolvimento que começa a acontecer neste estágio.

Até o início da terceira iniciação, podem ser cometidos erros que prejudicam o progresso e atuam como cortinas diante da luz. O avanço pelo caminho ainda não é uma certeza. Ainda somos potencialmente perigosos e considerados instáveis do ponto de vista dos mestres interiores. Neste estágio, será bom cultivar a abdicação ao lucro, tal como aconselha o *Bhagavad Gita*, aprendendo a agir sem apego pelos frutos de nossas ações.

Antes da terceira iniciação, esse orgulho da personalidade pode representar uma barreira muito sólida para o progresso da alma. Esse é um dos motivos pelos quais o desapego se faz necessário. É uma verdade simbólica que todos nós devemos nos defrontar com o Primeiro Iniciador de mãos vazias – livres das "riquezas" dos acúmulos da personalidade. As realizações e habilidades que surgem quando a pessoa desenvolve a espiritualidade podem causar facilmente o apego e um senso inflado de self. A energia espiritual está entrando, os talentos latentes começam a florescer e, geralmente, o indivíduo está tomado pelo senso de propósito e pelo desejo de manifestar esse propósito no mundo.

Nos escalões da Hierarquia espiritual, a terceira iniciação é conhecida como a primeira iniciação real – as duas iniciações anteriores são referidas simplesmente como "iniciações do limiar". Passa uma imensa energia pelo corpo do iniciado quando este realiza a terceira iniciação. Depois dessa iniciação, a principal meta da vida do indivíduo, seu "serviço no ashram", consiste em "aprender os usos do centro ajna e, conscientemente e com a compreensão correta, absorver, transmutar e distribuir energia".[122] Ele é um cientista trabalhando no plano mental.

Quando o indivíduo passa para a quarta iniciação, abrimos mão de todos os dons e talentos do nível da personalidade que foram desenvolvidos ao longo de muitas existências (o "jovem rico"[123] na terminologia da Bíblia). Mesmo a morada da própria alma, às vezes chamada de corpo causal, é destruída. Essa destruição do corpo causal (que, segundo dizem, é uma "casa" de grande beleza) é a renúncia suprema que ocorre nessa iniciação, e é chamada de "a renúncia culminante e o gesto máximo após eras de pequenas renúncias".[124] Essa renúncia indica que o indivíduo não tem em seu ser nada mais que se relacione com os três mundos inferiores.

Podemos conhecer muito pouco essas coisas e estados de consciência enquanto não atingirmos esse estágio, mas mesmo assim é útil levar tudo em conta, pois isso ajuda a dar elasticidade à nossa mente e enriquece nosso conhecimento fragmentado daquilo que nos aguarda. A quarta iniciação é a época da ruptura com tudo aquilo que representou a personalidade e que esta guarda em grande estima e, de certo ponto de vista, dizem que se parece com uma grande perda. Mas essa sensação de perda é apenas o efeito temporário de um processo interior de realinhamento espiritual, que leva a uma grande libertação dentro da consciência.

A quinta iniciação é chamada de Revelação. A revelação é o processo que nos leva das trevas à luz e, por isso, a uma visão mais ampla. Nos ensinamentos da Sabedoria Perene, essa iniciação tem sido descrita em termos impressionantes: "a saída do oceano da matéria rumo à luz clara do dia".[125]

*****

169

Não precisamos ir à escola ou à faculdade para treinarmos para a iniciação. Como já foi mencionado, chega-se ao desenvolvimento espiritual basicamente pelo esforço individual. Há, contudo, diversas escolas esotéricas em funcionamento no mundo neste momento, proporcionando um treinamento valioso a seus alunos. A Escola Arcana, uma das mais tradicionais e respeitadas de todas as escolas, é um curso por correspondência que foi fundado por Alice Bailey e tem sido valiosíssimo para muitos estudantes espalhados pelo mundo. Ele proporciona um treinamento sistemático e progressivo em meditação, com parâmetros para estudo e serviço – sendo esses três os pilares do currículo da Escola.

Muitos indivíduos que têm passado pelas atuais escolas e movimentos esotéricos estão formando as bases para o eventual aparecimento das novas e futuras escolas de iniciação. As escolas esotéricas que vão aparecer em algum momento após a externalização da Hierarquia[126] vão demonstrar um novo e diferente modelo educacional para o mundo.

As escolas de iniciação sempre fizeram parte das tradições de mistério ao longo das eras, e está chegando o momento em que elas tornarão a se manifestar, numa volta mais elevada da espiral, para atender às necessidades das próximas gerações que estarão prontas para se submeter aos rigorosos métodos de treinamento que essas escolas vão apresentar. As escolas que aparecerão terão dois níveis, o preparatório e o avançado. Aos olhos do mundo exterior, as escolas preparatórias terão forma muito parecida com as atuais universidades. Vão apresentar muitos dos cursos acadêmicos habituais, mas também apresentarão as bases do esoterismo a seus alunos por meio do estudo da constituição do ser humano e de numerosos outros tópicos, como astronomia, astrologia, leis da eletricidade, vidas passadas, os raios e a mediunidade. Nas escolas avançadas, o treinamento vai ser bem mais profundo. Seu veículo de crescimento espiritual mais importante será apresentado por meio da prática da meditação.

CAPÍTULO 14
INICIAÇÃO EM GRUPO

> Que nos lembremos constantemente de que o novo discipulado é, basicamente, um experimento sobre trabalhos em grupo, e que seu principal objetivo não é o aperfeiçoamento do discípulo individual no grupo [...]. A ideia é que os indivíduos se suplementem e se complementem mutuamente e, no agregado de suas qualidades, eventualmente acabem formando um grupo capaz de expressão útil, espiritual, um grupo pelo qual a energia espiritual pode fluir em benefício da humanidade.
>
> Alice Bailey, *Discipleship in the New Age, Vol. I*

Em épocas mais antigas e simples, quando não havia tanta gente com qualidades para a iniciação, os professores conseguiam trabalhar individualmente com seus alunos (normalmente, de forma subjetiva, mas às vezes no plano físico), dando-lhes atenção pessoal e sugestões. Como o número de candidatos à iniciação aumentou muito nos últimos séculos, fato ao qual se aliou a intensidade do trabalho de preparação que tem ocorrido dentro da própria Hierarquia e da avassaladora necessidade mundial, a demanda sobre o tempo dos professores ficou tão grande que eles não puderam mais trabalhar individualmente com os alunos, razão pela qual se instituiu o processo de iniciação em grupo.

Essa mudança assinalou um distanciamento notável do passado. Estamos vivendo o estágio de formação desse trabalho, percorrendo territórios nunca trilhados. Com certeza, o tempo fará com que esse processo fique mais claro, pois Aquário é um signo de consciência de grupo, de trabalho em grupo e de iniciação em grupo. Coletivamente, o grupo atua como um cálice pelo qual flui a energia.

Iniciação em grupo significa que toda vez que progredimos no caminho ou penetramos mais fundo nos mistérios da vida, fazemo-lo na companhia de nosso grupo. Por isso, precisamos ser cautelosos para não interpretar a iniciação em grupo de maneira excessivamente concreta, pois isso iria obscurecer nossa compreensão. Basicamente, a iniciação em grupo é uma experiência subjetiva. Embora o grupo em si exista na nossa consciência, os membros do grupo se reúnem para trabalhar no plano físico. A iniciação é realizada com grupos de indivíduos que trabalham sob a mesma linha de raio da alma, recebendo a orientação coletiva de um Mestre desse raio. Geralmente, nosso grupo espiritual é uma combinação de pessoas que conhecemos, outras aparentemente estranhas e pessoas que vimos uma ou duas vezes antes. Às vezes, a falta de relacionamento no plano físico pode permitir um fluxo mais livre de energia da alma, sem as complicações que costumam caracterizar os relacionamentos na matéria.

Cada membro do grupo tem suas próprias ocupações, sua própria disciplina e treinamento – pois a verdade é que aprendemos sozinhos e resolvemos nossos próprios problemas. A atitude dos membros do grupo tem a natureza de uma renúncia, "nada buscando, nada pedindo, nada esperando para o self separado". Quando a vontade individual ou pessoal dos membros do grupo se transmuta na vontade coletiva do grupo, os membros percebem que todas as suas necessidades estão sendo atendidas.

Os grupos mais radiantes e magnéticos, aqueles que podem oferecer o serviço mais poderoso ao Plano, são formados por pessoas muito autoconscientes, capazes de subordinar suas predileções individuais ao bem maior do grupo. Madame Blavatsky comparava esses grupos aos "dedos de uma mão". Ela também dizia que os discípulos devem ser afinados pelo guru como as cordas de um alaúde, cada uma diferente das outras, mas cada uma emitindo sons em harmonia com as demais.[127] Mary Bailey[128] criou a frase "o discípulo grupal" para descrever o estado de consciência que condiciona esses grupos que estão abrindo novos caminhos na consciência planetária.

O cuidado e a reticência natural com que abordamos o tema da iniciação precisam ser balanceados pela aceitação de nossa responsabilidade para auxiliar os outros, por conta da magnitude da necessidade que se vê nesta época. Como foi dito, uma vez que a atenção dos professores está voltada para outras direções, os grupos do plano físico tiveram de assumir algumas responsabilidades que, em outras épocas, não eram deles. A maior parte do treinamento preliminar de aspirantes ao caminho recai agora sobre grupos de indivíduos que avançaram um pouco mais no caminho e que, por isso, assumiram maiores responsabilidades. Essa orientação, somada com os ensinamentos disponíveis em livros, nas escolas esotéricas e nos planos interiores, é suficiente para atender à necessidade nesta época.

A Hierarquia é formada por indivíduos em estados variados de desenvolvimento espiritual, e o mesmo se pode dizer dos grupos que estão sendo preparados para a iniciação. É isso que torna o trabalho tão poderoso e com amplas implicações. Se todos os trabalhadores estivessem no mesmo nível de consciência, as ricas camadas de criatividade que o trabalho hierárquico sempre exibe, com suas texturas múltiplas, não seriam possíveis. Essa diversidade entre membros do grupo permite que este tenha uma ampla gama de contatos. Os membros mais alinhados do grupo intuem o Plano, os trabalhadores experientes coordenam o Plano com o grupo e os membros mais novos levam a termo o trabalho no plano físico.[129]

Os mestres interiores dependem da humanidade para ajudá-los no trabalho que precisa ser feito. Eles não conhecem, tão bem quanto nós, as necessidades específicas dos homens e mulheres de hoje, pois não é sobre elas que recai sua atenção. Os indivíduos que trabalham ativamente no mundo têm uma compreensão maior e mais clara daquilo que precisa ser feito, e do modo como deve ser feito. É importante nos lembrarmos disto, pois pode nos ajudar a romper a sensação de inadequação que costuma afetar os buscadores espirituais.

Somos todos necessários, temos todos condições de contribuir e, nesta época de emergência espiritual, precisamos eliminar toda e qualquer noção de que não somos capazes de responder à altura. O trabalho hierárquico é, no sentido mais puro da expressão, um trabalho em grupo, no qual cada indivíduo tem seu lugar e uma tarefa específica a contribuir para o funcionamento suave do todo. Este trabalho, que é O trabalho no qual estamos todos engajados, constitui aquilo que é conhecido como a cadeia maior da Hierarquia.

O grupo do mestre Djwhal Khul

Um aspecto interessante do trabalho que o Mestre Djwhal Khul desenvolveu em cooperação com Alice Bailey foi o contato com um pequeno grupo de pessoas, e as aulas dadas a elas, num período de vinte anos. Esse trabalho foi interessante porque demonstrou as verdadeiras alegrias, bem como as dificuldades, que surgem no decorrer do treinamento espiritual de grupos. Embora o Tibetano tenha escolhido pessoalmente os membros desse grupo, ele nunca entrou em contato no plano físico com qualquer um deles. Ele os procurava através da luz que cada um manifestava no mundo. Em alguns casos, o Tibetano tinha relacionamentos kármicos antigos com os indivíduos escolhidos, e em outros casos ele imaginou que os indivíduos poderiam ser úteis para o trabalho que ele queria realizar no mundo. O Tibetano conseguia operar a distância (desde o Tibete) e penetrar na mente dos membros do grupo e, de maneira bem real, conhecê-los mais a fundo do que eles mesmos se conheciam. Cada pessoa do grupo tinha meditações individuais especiais, bem como trabalhos de meditação em grupo e outras técnicas espirituais que o Tibetano apresentava. O propósito desse trabalho era unir o grupo subjetivamente para que seus membros pudessem trabalhar de maneira mais poderosa a serviço da humanidade.

O Tibetano se correspondeu com o grupo, por intermédio de Alice Bailey, ao longo de uns vinte anos. O grupo não foi um sucesso como esperava o Tibetano, e foi desfeito. Mas do material recebido pelo grupo, foi possível publicar dois volumes de ensinamentos contidos nos livros *Discipleship in the New Age*, bem como as obras *Telepathy and the Etheric Vehicle* e *Glamour: A World Problem*. Os livros *Discipleship in the New Age* proporcionam um vislumbre sobre a vida interior de um grupo de indivíduos que tentou seguir um caminho espiritual sob a orientação direta do Mestre da Sabedoria. O fracasso desse grupo derivou principalmente da pequena atividade dos centros do coração dos membros desse grupo. Por causa disso, o grupo não conseguiu se integrar plenamente, e o serviço que prestaram ao mundo foi limitado.

A seguir, um trecho de uma carta recebida por um membro do grupo do Tibetano. Este exemplo dá ao leitor uma amostra do tipo de vislumbre que um Mestre da Sabedoria pode proporcionar a um aluno que esteja sob seus cuidados.

"IRMÃO SERVIDOR:
Tenho observado você já faz alguns anos, por menos que você tenha suspeitado disso. Foi sob minha impressão objetiva que você encontrou o caminho até meu grupo de discípulos no qual trabalha hoje e que, ao mesmo tempo, encontrou o campo de serviço ao qual estava destinado. Fico feliz por recebê-lo neste grupo de estudantes. Meu contato pessoal lhe é positivo, pois você nem o teme, nem o anseia.

No curso das existências de cada aspirante, chega uma vida em que ele encontra o grupo ao qual pertence. Refiro-me ao grupo interior de discípulos e ao grupo exterior de servidores com os quais ele pode e deve cooperar. Quando essas duas descobertas se sincronizam (o que nem sempre acontece), poupa-se muito tempo e a oportunidade é grande. Foi o caso com você, e creio que você está começando a se dar conta disso.

O raio de sua alma, meu irmão, é o primeiro, e o raio de sua personalidade é o terceiro. Devido à pressão de nossa época e do trabalho nesse ciclo, você pode ter ouvido dizer que estou liberando alguns dos Mestres do lado interior para serviços mais amplos e mais precisos. Estou cuidando de alguns de Seus discípulos para Eles e preparando alguns de Seus aspirantes (que eles têm observado) para o estágio de discípulo aceito. Estamos incluídos nesta última categoria. O fato de ter ficado subjetivamente sob minha influência é que o levou a perceber que o aprofundamento de sua natureza amorosa foi, para você, o passo seguinte em seu reaparelhamento para o serviço. Sua combinação de raios o obrigou a isso, e minha influência do segundo raio, portanto, o ajudou. Não há um aspirante no mundo que não se beneficiaria se intensificasse a natureza divina do amor, mas não a natureza emocional ou astral do amor. Mas você precisa sempre compreender o motivo para qualquer acontecimento, e por isso apresento minha explicação.

Você percorreu uma longa distância do Caminho, e com boa velocidade, nestes últimos tempos, e definitivamente incrementou tanto sua capacidade vibratória quanto sua influência. Você poderá dispor de alguns anos de serviço intenso, e por isso devo apresentar outra explicação. Aquele que um dia você conhecerá como seu Mestre, quando for admitido em plena consciência em

Seu grupo de discípulos (o Mestre M.), é o líder de todas as escolas esotéricas do mundo neste momento. Portanto, você pode entender porque está em meu grupo de discípulos e porque está trabalhando ativa e frutiferamente como seu executivo e organizador. Isso está em sintonia com a força de seu grupo interior, e isto, se bem compreendido e utilizado, pode fazer de você um útil ponto focal para a energia do Mestre no lugar onde você escolheu servir. Portanto, você precisa aprender a diferenciar, com o passar do tempo e o aumento de sua sensibilidade, entre:

1. A influência vibratória (que entra e que sai) de sua própria alma.
2. A influência vibratória (que entra e que sai) deste grupo específico de discípulos.
3. A influência vibratória (que entra e que sai) das escolas esotéricas.
4. A influência vibratória (que entra e que sai) do líder de todos os grupos esotéricos, o Mestre Morya.

Ainda levará algum tempo até você conseguir fazer isso, mas o desenvolvimento desse tipo de sensibilidade é, para você, um desenvolvimento necessário, e virá com o tempo, caso você siga minhas instruções com atenção e permita que o amor verdadeiro permeie cada vez mais seu self individual. Ele pode fazê-lo, meu irmão, pois (como você sente, e com razão) você conhece um pouco a natureza do amor. No entanto, uma coisa é amar, outra coisa é ser um canal do amor da alma e do grupo".[130]

Com certeza, cada um de nós encontra aspectos pessoais nesse grupo ao estudar essas cartas, pois os indivíduos nelas tratados estavam lidando com problemas similares aos que enfrentamos hoje. Eles não eram grandes iniciados. As mudanças que o Tibetano pediu que fizessem não eram comandos, e nem foram forçadas. Cada pessoa, portanto, ficou à vontade para aderir ou não aos requisitos do grupo, dependendo de sua inclinação pessoal. Se não fizesse o trabalho, que basicamente consistia numa prática de meditação e em um pouco de redação de textos, acabava saindo do grupo por conta própria. Nesse trabalho, a meta do Tibetano era ajudar a criar um grupo integrado que os Mestres poderiam usar em trabalhos especializados durante este período de transição. Hoje, essa ainda é a meta.

Embora haja muitos grupos, seu objetivo subjacente é um só. No mundo da consciência, há uma mescla e uma fusão das muitas correntes numa só, a harmonização de muitas notas num som singular e a mistura de muitas cores formando o conjunto do arco-íris.

Os grupos presentemente espalhados por todas as partes do mundo foram comparados com sementes em germinação, criando raízes "embaixo" e dando frutos "em cima". Com o prosseguimento desse trabalho, isso acabará produzindo um florescimento que irá "cobrir a terra de verde". Como escreveu o Tibetano: "Uma pequena planta que, por sua vez, conseguirá produzir uma semente, a qual, fruindo corretamente, poderá se reproduzir e multiplicar. Portanto, não se deixem impressionar indevidamente pela pequenez desse esforço. Uma pequena semente é uma força poderosa – se devidamente cuidada, corretamente nutrida e amadurecida pelo sol e pela água do solo – e sua capacidade é imprevisível".[131]

CAPÍTULO 15

O MOVIMENTO PARA FORA

O APARECIMENTO DOS MESTRES

O aparecimento dos Mestres no cenário mundial será um esforço coletivo, realizado ao longo de vários anos. O trabalho preparatório para esse evento vem sendo realizado há algum tempo, pois apareceram pessoas que fazem parte dos grupos dos Mestres e começaram a realizar mudanças em todas as áreas.

Naturalmente, vão surgir muitas perguntas com relação ao processo de externalização. Que aparência terão os Mestres? Eles se submeterão ao longo e lento processo de nascimento e desenvolvimento humano? É claro que não temos as respostas para essas e para tantas outras perguntas que surgem normalmente quando analisamos o tema a sério. Mas é seguro presumir que antes que esses acontecimentos possam começar a surgir, mudanças sérias terão de ser feitas em nosso mundo, e elas tornarão as condições exteriores mais fáceis. Embora possa parecer que acontecimentos dessa magnitude são impossíveis num mundo como o nosso, é bom lembrar que estão em jogo poderosas forças subjetivas, que vão ajudar e facilitar esse processo – forças que não podemos conhecer ou compreender.

Os ensinamentos de sabedoria indicam que o momento previsto para o aparecimento efetivo dos Mestres será decidido no ano 2025. A presteza ou lentidão do processo depois disso vai depender da humanidade. Disseram-nos que serão necessários três requisitos de peso antes que o Mestre do Mundo possa aparecer. O primeiro requisito e, de várias maneiras, o mais importante, é que o princípio do compartilhamento comece a governar as questões econômicas. O segundo pré-requisito é que os grupos políticos e religiosos comecem a se entender. E, finalmente, deve haver um mínimo de paz no mundo. Nenhum desses requisitos está além da capacidade humana, e tem sido feito muito progresso nesses três caminhos, mas ainda há pela frente muitas decisões difíceis.[132]

Deve ser reiterado que os Mestres só poderão aparecer depois que a humanidade preparar o caminho. A passividade inerente ao antigo paradigma de um salvador que retorna para dar fim ao nosso sofrimento não tem relação com os fatos, e só contribui para a condição generalizada de inércia que costuma caracterizar pessoas que acreditam nessas ideias. A nova perspectiva aquariana inverte a situação e postula a ideia de que o Mestre do Mundo só pode aparecer *depois que a humanidade* tiver feito seu trabalho de salvação.

Neste momento, está acontecendo outra inversão curiosa do processo. Quem estudou o trabalho dos discípulos de Cristo após sua morte sabe que eles ficaram trabalhando sob a inspiração de seu campo de energia – eles estavam, com efeito, incorporados por ele. A energia de seu Mestre os sustentava e dava-lhes a oportunidade de levar sua mensagem para o mundo.

Hoje, esse processo de incorporação está acontecendo *antes* do aparecimento dos Mestres no plano físico. Essa energia que emana dos Mestres e do Mestre do Mundo e condiciona o plano mental é que permite que as pessoas que servem ativamente ao Plano realizem a difícil tarefa que estão realizando e suportem a imensa pressão das forças que se opõem a elas.[133]

Além dessa incorporação no plano mental, há o fenômeno da incorporação nos níveis emocionais, levando a energia da hierarquia para dentro da esfera de ação de muita gente. O amor que emana da Hierarquia está sendo lançado sobre as massas da humanidade quando estas se reúnem com propósitos espirituais.[134] Esse processo de incorporação está acostumando a humanidade a uma frequência vibratória espiritual cada vez maior.

Em função da natureza do trabalho que virão realizar, muitos dos membros mais avançados da Hierarquia não vão aparecer entre nós através do longo e lento processo de nascimento e desenvolvimento, tal como ocorre com a humanidade em geral. Em alguns casos, eles irão se "apropriar" ou usar os veículos ou corpos de indivíduos que foram preparados para essa responsabilidade depois de um período de treinamento intenso. Esse trabalho será semelhante à experiência mencionada anteriormente com Krishnamurti. Alguns dos Mestres vão operar por meio de indivíduos que disporão voluntariamente de seus corpos para uso no trabalho que precisará ser feito. Indivíduos que cooperarem dessa maneira serão necessariamente muito evoluídos, e cooperarão conscientemente com o processo que estará ocorrendo com eles.

Outros Mestres vão aparecer manifestando um veículo físico, chamado de *Mayavirupa*. Esta é uma expressão do sânscrito que significa "corpo de manifestação temporária que o Adepto cria na ocasião graças ao poder da vontade e no qual Ele funciona para fazer certos contatos no plano físico e de se dedicar a certo trabalho para a raça".[135] Outros Mestres vão trabalhar através de seus atuais veículos físicos, que nem envelhecem, nem têm declínio na saúde, no mesmo ritmo dos corpos humanos normais. Tendo dominado plenamente as leis de oferta e demanda, os Mestres conseguem viver no mesmo corpo muito mais tempo do que o resto da humanidade.

É bom lembrar que a Hierarquia não estará se apresentando apenas para auxiliar na evolução da consciência humana, mas também para ajudar a realizar algumas coisas em seus próprios escalões. Os

Mestres têm sua própria vida, suas metas e destino, que naturalmente são bem diferentes das metas da evolução humana normal. A humanidade é apenas um elo de uma grande corrente que une todas as formas de vida segundo os vínculos da luz e do amor. O Plano que está sendo idealizado para o nosso planeta, portanto, tem como tônica o grande tema dos *relacionamentos* pelos quais cada reino contribui para o belo tecido que, formado, constitui o belo traje exterior da vontade de Deus.

Nesta época, a Hierarquia está enfrentando seu próprio ponto de crise espiritual em seu desenvolvimento evolutivo. Seus membros estão diante da porta que leva àquele que é chamado de caminho da Evolução Superior (sete caminhos cósmicos de serviço entre os quais eles precisam escolher um), assim como nós estamos diante da porta da iniciação. As decisões que eles precisam tomar são muito mais difíceis do que aquelas que nos aguardam. Portanto, os dois reinos estão prontos para seguir em frente. Mas a Hierarquia só pode realizar seu destino depois de iniciar o processo de externalização. Vigora, em nossa época, uma lei que exige que os Mestres se externalizem na presença física para realizar suas metas.

O RETORNO DO MESTRE DO MUNDO

> É o *Fogo do Amor* que Ele irá trazer; é a mensagem do fogo purificador que Ele vai anunciar [...]. Ele vai produzir o fogo que queima e destrói todas as barreiras na natureza humana, todos os muros que separam indivíduos, grupos e nações. Como indivíduos, discípulos e aspirantes, vocês estão preparados para se submeter a esse fogo?
>
> Alice Bailey, *Discipleship in the New Age, Vol. II*

Finalmente, depois da externalização de alguns membros da Hierarquia, o Mestre do Mundo vai aparecer entre nós na forma física. Atualmente, algumas pessoas afirmam que o Mestre, a quem chamam de Maitreya, já estaria aqui, trabalhando por trás dos bastidores, transmitindo mensagens canalizadas. Contudo, esse ensinamento e essa mensagem revelam a falácia das alegações e, infelizmente, distorcem e desacreditam a intenção e o propósito do ensinamento sobre o reaparecimento. O Mestre que virá não vai dizer obviedades por meio de um porta-voz, e não precisará ser proclamado por ninguém como Aquele que era esperado. O Cristo disse: "Vós os conhecereis por suas obras", e isso será evidente no que diz respeito a esse Mestre vindouro.

Sobre o retorno, disse o Tibetano,

As profecias simbólicas encontradas nas Escrituras do mundo todo que tratam desse evento iminente irão provar sua veracidade; seu simbolismo, porém, deve ser reinterpretado, e as circunstâncias e os acontecimentos não serão necessariamente do modo exato como parecem indicar. Por exemplo, Ele irá voltar mesmo "descendo nas nuvens", como dizem as Escrituras cristãs (Mat. 24:30), mas, de que utilidade será essa informação quando milhões de pessoas sobem e descem pelas nuvens a cada hora do dia e da noite? Menciono esta como uma das mais famosas profecias, que também é muito familiar; no entanto, ela significa pouco para nossa civilização moderna. O fato importante é que Ele virá.[136]

O Mestre do Mundo é o grande Senhor de Compaixão. Ele é sustentado pela energia do amor cósmico que o permeia. Desde que ele – supostamente – nos deixou, há 2 mil anos, tem estado conosco. Ele tem vivido num corpo físico, mora no Himalaia e trabalha em estreita cooperação com outros Mestres que também vivem lá. A seu respeito, escreveu o Tibetano: "Diariamente, Ele dá Sua bênção ao mundo, e diariamente Ele fica sob o grande pinheiro em Seu jardim, na hora do crepúsculo, com as mãos erguidas em bênção para todos que sincera e verdadeiramente a procuram".[137]

Sua volta nesta aurora da Era de Aquário será diferente do trabalho que ele realizou na Palestina, há 2 mil anos, quando foi canalizado pelo Mestre Jesus. Agora, ele surgirá como o Líder supremo da Hierarquia Espiritual, como o "Aguadeiro", atendendo às necessidades das pessoas do mundo. Hoje, as pessoas carecem da verdade, de relações humanas justas e de amor e compreensão, e ele satisfará essas necessidades.

Ele deverá trabalhar junto ao grupo de indivíduos que tiver feito o trabalho preparatório mais eficiente. Como dito antes, é pouco provável que Ele apareça ligado à religião – é muito mais provável que Ele trabalhe no campo da educação ou da diplomacia, definida aqui em seu sentido mais amplo. Ele poderá ser francês, sul-africano ou indiano; não sabemos. O que sabemos é que quando Ele surgir, Ele vai encontrar um ponto focal, uma espécie de chakra do coração do planeta, pelo qual a energia amorosa da Hierarquia irá fluir sem cessar.

Por séculos, as pessoas têm esperado o retorno de um Mestre do Mundo, mas Ele ainda não voltou. Este livro procurou mostrar que esta época é diferente de todas as outras da longa história do planeta em função de sua importância e de suas oportunidades. É o momento para o qual a Hierarquia espiritual vem se preparando nos últimos 17,5 milhões de anos. Escreveu São Paulo: "Toda a criação tem gemido e laborado até agora, aguardando a manifestação dos Filhos de Deus". O Mestre do Mundo, juntamente com a Hierarquia, *aguarda* – pois fez tudo que podia. Agora, cabe à humanidade trabalhar; agora, tudo depende da ação correta de homens e mulheres de boa vontade.

Pedem-nos para termos coragem, sabendo que a Hierarquia está "firme", que o Mestre do Mundo está atento à voz da humanidade e que ambos estão se aproximando cada vez mais do momento de retornar. A demanda coletiva da humanidade chegou ao alto, o Mestre deve responder, e "num momento em que você nem sequer supõe, Ele *virá*". O momento dessa sequência florescente de acontecimentos não nos cabe conhecer, mas, se nosso trabalho for bem feito, o Mestre virá no momento adequado e indicado. Como, onde ou quando Ele virá não nos deve preocupar. Nosso trabalho consiste em fazer o que pudermos, na maior escala possível, para produzir as condições adequadas – pois Seu retorno depende disso.

A LIBERAÇÃO DA ENERGIA DO AMOR

Para encerrar, devo implorar a todos para que sigam em frente. Não permitam que nada do passado – inércia física, depressão mental, falta de controle emocional – os impeçam de assumir novamente, com alegria e interesse, a construção do progresso necessário para ficarmos prontos para um serviço mais ativo e útil. Que nenhum de vocês fique inibido pelo passado ou pelo presente, vivendo como Observadores, é a prece, constante e fiel, de seu mestre.

Alice Bailey, *A Treatise on the Seven Rays, Vol. I*

O coração da humanidade está se abrindo – sob sua aparência rude e fragmentada, flui um poderoso e profundo rio de amor. Este amor é que possibilitará todos os eventos de que estivemos tratando. Mas temos de ser cuidadosos. Em períodos como o atual, o estímulo pode ser tão grande que seremos testados e desafiados de maneiras que nunca poderíamos imaginar. Nosso dever, portanto, é mantermo-nos firmes em meio a esses desafios.

Podemos ver, por exemplo, como se perderam oportunidades logo após momentos cruciais da história planetária recente, como a Segunda Guerra Mundial, a década de 1960, a queda do Muro de Berlim em 1989 e 11 de setembro de 2001. Logo depois de cada um desses acontecimentos, houve uma reação quase imediata e poderosa por parte das forças conservadoras, bloqueando e desviando uma parte da luz que chegava a nós. Agora, precisamos ser mais espertos, não tomando medidas precipitadas que possam comprometer ou esmagar a promessa da oportunidade deste momento. O que está em jogo é vital para o futuro do planeta como um todo.

O maior líder revolucionário do mundo, o Cristo, ensinou que a força mais poderosa do mundo é o amor. É o amor que nos permite sacrificar a parte no interesse do todo. Podemos aprender o meio de traduzir esse amor numa mensagem que condiciona e permeia todas as nossas ações – não necessariamente numa organização ou numa forma específica, mas num espírito revolucionário que se mostre poderoso o suficiente para mudar o mundo. Cada vez mais, vão surgir grupos compostos por pessoas cujas personalidades estão fundidas num mesmo impulso para a frente, cujo ritmo é o mesmo e cuja unidade está tão bem estabelecida dentro dos vínculos da fraternidade que nada conseguirá detê-los. Por meio desses grupos, a energia da Hierarquia pode operar e o novo mundo pode se revelar.

Foi dito que nada pode deter uma ideia cuja hora chegou. Às vezes, porém, temos a impressão de que isso não é verdade – às vezes, parece que muitas ideias interessantes foram detidas por conta da inércia e dos medos dos homens e das mulheres de boa vontade que permitiram que seus sonhos e esperanças fossem abafados pelas poderosas forças que se opuseram a eles.

Uma pequena visão pode até ser negativa caso provoque a sensação de futilidade ou complacência. Às vezes, a imensidão da tarefa à nossa frente enfraquece nossa vontade. Essa passividade, e talvez o orgulho de possuir um conhecimento espiritual, é que tem fragmentado os grupos espirituais do mundo, reduzindo o poder que poderia fluir de um esforço unido, de um apoio mútuo.

A inércia é uma das principais condições responsáveis pelo atraso na realização dos acontecimentos de que estivemos falando. E uma das principais metas deste livro é ajudar a despertar o senso de responsabilidade latente em todos nós, mas que pode ser insuflado e tornar-se uma chama maior graças à troca de ideias como estas. Se percebermos a verdadeira natureza daquilo que está acontecendo agora em nosso planeta, como poderemos deixar de querer colaborar de algum modo para sua realização? Talvez prefiramos ficar à margem dos acontecimentos, observando. Durante algum tempo, pode ser; se estamos nos educando, precisamos de tempo para isso. Mas se somos sérios e compreendemos as implicações dessas ideias, nossa orientação acaba mudando, pois compreendemos a sabedoria do ensinamento que diz que "o discípulo conhece porque ele trabalha", e não o contrário.

É fácil comparar-nos aos outros e nos vermos pequenos. Se não acompanhamos o grupo, sentimos que podemos deixar o trabalho para aqueles que podem realizá-lo. Mas atualmente não podemos nos dar ao luxo de pensar dessa maneira. Vamos combater essas tendências e unirmo-nos em torno de princípios básicos e poderosos, que causam verdadeiras mudanças em nosso mundo. Todos são necessários, todos têm um papel a cumprir e, quanto mais nos alinharmos com a intenção da Hierarquia, mais rapidamente nossas falhas individuais começarão a ficar em segundo plano por conta de nossa dedicação a uma causa superior e mais nobre.

Certa vez, Alice Bailey comentou que os Mestres de Sabedoria deviam estar desesperados a ponto de trabalhar por intermédio de um indivíduo cheio de defeitos como ela. Para nós, ela era uma grande trabalhadora, mas ela se conhecia e sabia de suas limitações humanas. Ela concluiu (com base em sua experiência e observações pessoais) que muitas outras pessoas poderiam progredir rapidamente no caminho e servir ao Plano com mais habilidade se ao menos se preocupassem com a questão. Toda a intenção de seu trabalho com o Tibetano foi motivar as pessoas a despertar para a oportunidade espiritual que está disponível para o planeta, a superar a inércia e defeitos pessoais, orgulho e separatismo, demonstrando a disposição para participar e cooperar com outras pessoas pelo bem maior do maior número possível. Este livro é dedicado à nova geração de buscadores, pois serão eles que irão moldar e transformar o mundo, trazendo uma nova era. Eles foram preparados para isso e existe a tecnologia para que isso seja possível.

O verdadeiro erro, a verdadeira morte, é a morte na forma de uma consciência cristalizada. Todos os buscadores sinceros, todos os homens e mulheres de boa vontade, devem se posicionar contra a morte da liberdade, a morte da liberdade de expressão, a morte da liberdade de ação e a morte da verdade. Essas liberdades vitais e sua erosão em nosso mundo deveriam ser nossa preocupação neste momento; são esses os princípios fundamentais que estão sendo sistematicamente ameaçados e, se continuarem a ser negados, vão impedir nossa entrada na nova era. Homens e mulheres de todas as partes devem trabalhar para vencer todas as forças que infringem o livre-arbítrio humano e procuram manter a humanidade na ignorância e nas trevas, com a imposição da vontade inferior, pois isso é que poderá nos impelir para além da inércia e esclarecer nossas prioridades, levando-nos para fora da torre de marfim na qual geralmente gostamos de ficar e colocando-nos na arena da ação construtiva.

No meio da atual crise planetária, desdobramo-nos vertical e horizontalmente, o que às vezes torna difícil sentir a nova luz que flui pelo ponto central. Mas trabalhamos pelo futuro. Talvez não vivamos o suficiente para experimentar a libertação que virá, mas isso não importa, pois trabalhamos em nome de um todo maior, em nome da coletividade daqueles que virão depois de nós, entre os quais nossas próprias reencarnações.

A intenção deste livro foi demonstrar que podemos ajudar a trazer à luz esse novo dia, preparando as mentes e os corações humanos para compreender melhor aquilo que está acontecendo em nossa época. O Tibetano pediu para dizermos a todos que os Mestres e seus grupos de discípulos estão trabalhando ativamente para criar a ordem a partir do caos. Ele nos pediu para dizer que EXISTE um plano, e que nada pode impedir a execução desse Plano. As pessoas devem saber que a Hierarquia e o Mestre do Mundo estão firmes, como têm estado firmes há milhares de anos, e são a expressão da sabedoria acumulada através de eras. Devem saber que, acima de tudo, Deus é amor, que a Hierarquia é amor, e que o Mestre está vindo porque ama a humanidade.[138]

APÊNDICE

PRÁTICAS ESPIRITUAIS

Há diversas práticas simples, algumas das quais mencionadas neste livro, que podemos usar para nos colocar em alinhamento com o grupo mundial.

A meditação em grupo na época da lua cheia e da lua nova é particularmente importante. Ela serve para nos integrar com o ciclo mensal dos interlúdios superior e inferior, quando as energias de transformação estão mais poderosas. As palavras-chave para os signos são as seguintes:

Áries: Apareço, e governo desde o plano mental.

Touro: Vejo, e quando o olho está aberto, tudo se ilumina.

Gêmeos: Identifico meu outro eu e, quando este se esvai, eu brilho e brilho.

Câncer: Construo uma casa iluminada e lá vivo.

Leão: Eu sou Isso e Isso sou Eu.

Virgem: Sou a Mãe e o Filho, eu Deus, eu matéria sou.

Libra: Escolho o Caminho que passa entre as duas grandes linhas de força.

Escorpião: Guerreiro eu sou, e da batalha saio triunfante.

Sagitário:	Vejo a meta. Atinjo a meta e vejo outra.
Capricórnio:	Perdido estou na luz do alto, e nessa luz viro-me de costas.
Aquário:	Água da vida sou, despejada para os homens sedentos.
Peixes:	Deixo a morada do Pai e, retornando, salvo.[139]

Podemos começar a participar dos "pontos de poder" do ciclo diário usando os seguintes mantras:

RECORDAÇÃO DO MEIO-DIA

Eu sei, Ó Senhor da Vida e do Amor, dessa necessidade.
Toque novamente meu coração com o amor, para que eu também possa amar e doar.

Podemos nos reunir com outras pessoas ao redor do mundo às 17 horas e usar o Mantra do Novo Grupo de Servidores Mundiais.

Que o Poder da Vida Una
flua pelo grupo de todos os servidores sinceros.
Que o Amor da Alma Una
caracterize a vida de todos que buscam auxiliar os Grandes.
Que eu cumpra meu papel no Trabalho Uno,
perdoando-me, não causando mal e dizendo o que é correto.[140]

As quintas-feiras e os domingos são dias de meditações em grupo especiais. Na quinta-feira, a meditação é dedicada à preparação mundial para o Reaparecimento do Mestre do Mundo:

MEDITAÇÃO DE REFLEXÃO PARA PREPARAR O REAPARECIMENTO DO MESTRE DO MUNDO

Estágio I.

Depois de aquietar a personalidade de modo positivo e intencional, formule com clareza, para si mesmo e com suas próprias palavras, as respostas para as seguintes perguntas:

1. Como membro do Novo Grupo de Servidores Mundiais, qual é minha intenção específica e fixa neste momento de contato exclusivo com minha alma?
2. O propósito concentrado e manifestado de minha personalidade está em linha com a intenção hierárquica, dentro do que me é permitido saber?
3. Será que eu, na minha vida cotidiana, adquiri o direito (em função dos meus esforços definidos e não tanto do sucesso deles) de ficar ao lado desses Servidores que agora realizam o trabalho de Preparação?

Este é o único momento da meditação no qual você pensa em si mesmo, e faz isso porque é um método de atenção focalizada no qual você alinha sua personalidade com o plano mental.

Estágio II.

Tendo respondido essas perguntas sob a luz da alma, diga com ênfase:

Esquecendo-me das coisas que ficam para trás, vou me esforçar para atingir minhas mais elevadas possibilidades espirituais. Dedicar-me-ei ao serviço d'Aquele que Virá e farei o que puder para preparar a mente e o coração da humanidade para esse evento. Não tenho outra intenção na vida.

PAUSA

Estágio III.

1. Visualize a situação do mundo da melhor maneira possível, em termos de seu principal interesse mundial e com o conhecimento dos assuntos mundiais que você possa ter. Veja a massa das pessoas, por toda parte, brilhando com uma luz tênue e, aqui e ali, pontos de luz mais brilhantes onde os membros do Novo Grupo de Servidores Mundiais e homens e mulheres de intenção espiritual e coração amável estão trabalhando pela humanidade.

2. Depois visualize (por meio da imaginação criativa) a luz brilhante da Hierarquia iluminando a humanidade e fundindo-se lentamente com a luz que já existe nos seres humanos. Depois, pronuncie a primeira estrofe da Invocação:

> Do ponto de Luz na Mente de Deus,
> Flua luz às mentes humanas.
> Que a Luz desça à Terra.

3. Depois, pense no reaparecimento do Mestre do Mundo e perceba que, não importa por que nome Ele possa ser chamado nas diversas religiões mundiais, Ele ainda é a mesma grande Identidade; reflita e especule sobre os possíveis resultados de Seu reaparecimento. Depois, pronuncie a segunda estrofe da Invocação:

> Do ponto de Amor no Coração de Deus
> Flua amor aos corações humanos.
> Que Aquele Que Vem volte à Terra.

4. Esforce-se e concentre sua atenção no serviço, espalhando amor ao seu redor e percebendo que, à medida que faz essas coisas, você está tentando misturar sua vontade pessoal com a Vontade divina. Depois, pronuncie a terceira estrofe da Invocação:

> Do centro onde a Vontade de Deus é conhecida,
> Guie o Propósito todas as pequenas vontades humanas –
> O Propósito que os Mestres conhecem e a que servem.

5. Pense no que você pode fazer, de maneira prática, para auxiliar ainda mais nos preparativos para a vinda do Mestre do Mundo.

PAUSA

Depois, entoe o OM três vezes, dedicando a personalidade tríplice ao trabalho de preparação.

Sugestões:

1. Sugere-se que você pratique esta meditação uma vez por semana, toda quinta-feira, no seu lugar habitual de meditação; procure assumir uma atitude de aspiração, de devoção, de prece e intenção fixa (nesta ordem), antes de começar. Estudantes esotéricos precisam usar o coração, além da mente, para tornar esta meditação o instrumento poderoso que ela pode ser.
2. Entre uma quinta-feira e a seguinte, procure atingir os resultados da reflexão declarada nessa meditação. Faça planos práticos e depois revise, toda semana, as atividades planejadas ao se sentar para fazer esta meditação, à luz de sua Intenção manifestada.
3. Torne esta meditação breve e dinâmica. Depois de fazê-la algumas vezes, deve ser fácil; esqueça os vários estágios e seja impelido pela sequência e pela síntese da forma.[141]

*****

Aos domingos, muitas pessoas fazem a meditação do dinheiro para ajudar a regenerar a energia do dinheiro no mundo:

MEDITAÇÃO DE REFLEXÃO PARA ATRAIR DINHEIRO PARA PROPÓSITOS DA HIERARQUIA

Estágio I.
Depois de aquietar a personalidade de modo positivo e intencional, formule com clareza, para si mesmo e com suas próprias palavras, as respostas para as seguintes perguntas:

1. Se o dinheiro é uma das coisas mais importantes e necessárias hoje para o trabalho espiritual, que fator o está desviando do trabalho da Hierarquia?
2. Qual a minha atitude pessoal para com o dinheiro? Será que eu o considero um grande e possível ativo espiritual, ou penso nele em termos materiais?
3. Qual a minha responsabilidade pessoal com relação ao dinheiro que passa pelas minhas mãos? Estou lidando com ele como um discípulo dos Mestres deve lidar?

PAUSA

Estágio II.

1. Pense na redenção da humanidade por meio do uso correto do dinheiro. Visualize o dinheiro do mundo hoje como

a. Energia materializada, atualmente muito usada para fins puramente materiais e para a satisfação (no que diz respeito ao indivíduo) de desejos puramente pessoais.

b. Um grande rio de substância dourada e fluida, saindo do controle das Forças do Materialismo e indo para o controle das Forças da Luz.

2. Depois, pronuncie a seguinte prece de invocação, com foco e concentração mental e com o desejo sincero de atender às demandas espirituais:

Ó Tu em quem vivemos e nos movemos e temos nossa existência, o Poder que pode renovar tudo, direcione para propósitos espirituais o dinheiro do mundo; toca o coração dos homens em toda parte, para que eles possam dar à obra da Hierarquia aquilo que até agora tem sido dado para satisfação material. O Novo Grupo de Servidores Mundiais precisa de muito dinheiro. Peço para que as vastas quantias necessárias se tornem disponíveis. Que esta Tua poderosa energia esteja nas mãos das Forças da Luz.

3. Depois, visualize o trabalho a ser feito por esses grupos que pedem seu apoio (como a Escola Arcana e as Atividades de Serviço, ou qualquer outro grupo que você sabe que está tentando realizar o Plano da Hierarquia). Depois, valendo-se da imaginação criativa e por ato da vontade, visualize uma quantidade inédita e ilimitada de dinheiro chegando às mãos daqueles que procuram fazer o trabalho dos Mestres.

4. Depois, diga em voz alta, com convicção e ênfase:

Aquele por quem o mundo todo espera disse que aquilo que for pedido em Seu Nome e com fé na resposta será concretizado.

Lembre-se, ao mesmo tempo, que "fé é a substância das coisas esperadas e a evidência das coisas que não são vistas". E acrescente:

Peço o dinheiro necessário [...] e o faço porque

Do centro a que chamamos a raça humana,
Cumpra-se o Plano de Amor e Luz;
E que ele vede a porta onde mora o mal.

5. Encerre com uma análise cuidadosa de sua própria responsabilidade para com o Plano e, a cada semana, planeje sua cooperação financeira com a Hierarquia. Seja prático e realista, e saiba que se não doar, não poderá pedir, pois não temos o direito de evocar aquilo que não repartimos.

Sugestões:

1. Esta meditação é tão simples que muitos podem considerá-la inócua, ou até fútil. Feita por muitas pessoas ao mesmo tempo, ela pode romper o impasse que hoje impede que fundos adequados sejam canalizados para o trabalho que a Hierarquia procura realizar.
2. Faça essa meditação em todas as manhãs de domingo. Pegue aquilo que você economizou na semana anterior e dedique o valor à obra, apresentando-o na meditação ao Cristo e Sua Hierarquia. Seja grande, seja pequena, essa quantia se torna uma atraente unidade magnética nos planos dos Mestres.
3. Ponha em prática a Lei que diz: "que seja dado àqueles que dão", para que possam contribuir novamente.

4. Procure sentir o amor mais puro fluindo por você, e mantenha a intenção fixa de expressar esse amor a todos com quem você entra em contato. É um grande atrativo e um agente altruísta nos assuntos mundiais.[142]

Essas duas meditações, talvez mais do que todas as outras, servem aos propósitos do Plano para o nosso planeta que, de maneira proeminente, é o trabalho de preparação para o advento do Mestre do Mundo.

As quatro estrofes da Grande Invocação aparecem nessas duas meditações, mas, curiosamente, a última linha é omitida. É claro que deve haver uma razão para isso, especialmente porque, de diversas maneiras, a última linha sintetiza poderosamente a intenção da Invocação como um todo. Talvez seja este verso simples, direto e poderoso: "Que a Luz, o Amor e o Poder restabeleçam o Plano na Terra", que poderia, por si só, servir de ferramenta mântrica para distribuição. Nesses tempos de fragmentos sonoros e atenção dispersa, talvez esse verso possa fincar um marco na consciência humana e atrair a curiosidade das pessoas, levando-as depois ao uso da Grande Invocação em sua totalidade.

Além das sugestões acima, há mantras especiais e frases esotéricas que podemos usar a qualquer momento do dia e que vão servir para alinhar-nos com os objetivos coletivos do serviço.

MANTRA ANTIGO

Leva-nos, Ó Senhor,
das sombras para a luz;
do irreal para o real;
da morte para a imortalidade.
(Brihadaranyaki Upanishad I, 3, 28)[143]

GAYATRI

Desvele, Ó Tu que deste sustento ao Universo
De Quem tudo procede
A Quem tudo deve retornar,
Aquela face do verdadeiro sol espiritual
Oculta por um disco de luz dourada.
Que nós possamos conhecer a verdade e fazer o nosso dever inteiro
Na nossa jornada a Teus pés sagrados.[144]

Esta antiga prece pode ser usada com eficiência na hora do crepúsculo.

AFIRMAÇÃO DO DISCÍPULO

Sou um ponto de luz dentro de uma Luz maior.
Sou uma corrente de energia amorosa dentro
da corrente de amor divino.

Sou um ponto de Fogo do sacrifício,
focalizado dentro da ardente Vontade de Deus
E assim permaneço.

Sou um caminho pelo qual os homens podem realizar coisas.
Sou uma fonte de força, permitindo-lhes ficar firmes.
Sou um facho de luz que ilumina seu caminho.
E assim permaneço.

Permaneço assim e giro
E percorro desse modo os caminhos dos homens,
E conheço os caminhos de Deus.
E assim permaneço.

Este mantra incorpora a atitude do discípulo que procura servir, alinhado com sua alma. A respeito do mantra, escreveu o Tibetano: "Há um certo Mantra esotérico que incorpora essa atitude – a atitude do discípulo que se esforça, em atividade cooperativa com os demais, para unir a intenção da Hierarquia com a aspiração humana, aproximando assim a humanidade de sua meta".[145]

MANTRA DA UNIFICAÇÃO*

Os filhos dos homens são um, e eu sou um com eles.
Eu quero amar, não odiar;
Quero servir, não ser servido;
Quero curar, não ferir.

Que a dor traga a merecida recompensa de luz e de amor.
Que a alma controle a forma externa da vida
e tudo o que acontece,
E traga à luz o amor
que está na base de todos os eventos.

Que a visão e a intuição se manifestem.
Que o futuro se revele.
Que a união interior se evidencie e

---

* Baseado na tradução contida no livro *Manual Completo de Ascensão*, de Joshua David Stone, publicado pela Editora Pensamento, São Paulo, 1999.

as divisões exteriores se dissolvam.
Que o amor prevaleça.
Que todos os homens amem.[146]

Todas as manhãs, ao meio-dia e todas as noites antes de ir dormir, alinhe-se com sua alma, com o Ashram e comigo, e diga, suavemente e sem tensão,

Estou num ponto de paz,
e pelo ponto que posso então criar,
podem fluir o amor e a luz verdadeira.

Estou em postura tranquila, e com essa postura
posso atrair os dons que preciso dar – um
coração compreensivo, uma mente calma – para mim mesmo.

Nunca estou só, pois à minha volta
reúnem-se aqueles a quem procuro servir,
meus irmãos no Ashram, almas que rogam meu auxílio,
mesmo que eu não possa vê-las, bem como aqueles
que em lugares distantes procuram o Mestre de minha vida,
meu irmão, o Tibetano.[147]

AS REGRAS DA ESTRADA

1. A Estrada é trilhada sob a plena luz do dia, lançada sobre o Caminho por Aqueles que conhecem e lideram. Nada pode se ocultar e, a cada curva dessa Estrada, os homens devem se defrontar consigo mesmos.
2. Na Estrada, o oculto se revela. Cada um enxerga e conhece a vilania dos demais. E no entanto não há, com essa grande revelação,

um retrocesso, não há desprezo pelo outro, não há receios na Estrada. A Estrada prossegue rumo ao dia.

3. Sobre essa Estrada, ninguém caminha só. Não há pressa, não há afobação. E não há tempo a perder. Todo peregrino, sabendo disso, aperta o passo para ir em frente, e se vê rodeado por seus pares. Alguns vão à frente; ele os segue. Alguns ficam mais para trás; ele acerta o passo. Ele não viaja sozinho.

4. O Peregrino deve evitar três coisas. O uso de um capuz, de um véu que oculta sua face dos outros; levar um recipiente de água suficiente apenas para suas necessidades; usar um cajado sem alça.

5. Todo Peregrino na Estrada deve levar consigo aquilo de que precisa: uma vasilha com fogo, para aquecer seus pares; uma lâmpada, para iluminar seu coração e mostrar a seus pares a natureza de sua vida oculta; uma bolsa com ouro, que ele não lança pela Estrada, mas reparte com os demais; um vaso selado, no qual ele leva toda a sua aspiração para deixá-la diante dos pés Daquele que aguarda para saudá-lo no portão – um vaso selado.

6. O Peregrino, ao caminhar pela Estrada, deve ter o ouvido aberto, a mão dadivosa, a língua silente, o coração repreendido, a voz dourada, o pé ligeiro e o olho aberto para ver a luz. Ele sabe que não viaja sozinho.[148]

Iniciação ao treinamento da meditação e guia de estudos
estão disponíveis, em inglês, no Seven Ray Institute,
www.sevenray.org.

NOTAS

1. Alice Bailey, *Esoteric Psychology*, Vol. II, pp. 217-18.
2. "Extract from a Statement by the Tibetan", agosto de 1934.
3. Alice Bailey, *The Reappearance of the Christ*, Lucis Publishing Company, 1948, p. 80. [*O Reaparecimento de Cristo*, publicado pela Editora Pensamento, São Paulo, 1993.] (fora de catálogo)
4. *Ibid.*, p. 81.
5. Alice Bailey, *Discipleship in the New Age*, Vol. II, 1955, p. 48.
6. Alice Bailey, *The Reappearance of the Christ*, p. 52-3.
7. *Ibid.*
8. Alice Bailey, *Glamour: A World Problem*, p. 96. *The Old Commentary* descreve o corpo etérico como a "realidade que brilha sob o invólucro que o envolve".
9. Alice Bailey, *The Rays and the Initiations*, 1960, p. 716.
10. Alice Bailey, *The Externalisation of the Hierarchy*, 1957, p. 536.
11. Alice Bailey, *The Reappearance of the Christ*, p. 69.
12. Alice Bailey, *A Treatise on White Magic*, 1951, pp. 426-27.
13. Alice Bailey, *The Reappearance of the Christ*, p. 8.
14. Alice Bailey, *The Externalisation of the Hierarchy*, p. 612.
15. *Ibid.*, p. 652.
16. Alice Bailey, *The Reappearance of the Christ*, p. 125.
17. Alice Bailey, *The Externalisation of the Hierarchy*, p. 612.
18. *Encyclopedic Theosophical Glossary*, 1999 pela Theosophical University Press.
19. Alice Bailey, *The Externalisation of the Hierarchy*, pp. 686-87.
20. Alice Bailey, *Esoteric Psychology*, Vol. I, 1962, p. 293.

21. No budismo tibetano, Tara é conhecida como a "Mãe dos Budas", aquela que ouve os apelos do mundo.
22. Alice Bailey, *A Treatise on White Magic*, p. 378.
23. *Ibid.*, p. 379.
24. Alice Bailey, *Discipleship in the New Age, Vol. II*, p. 409.
25. Alice Bailey, *Esoteric Healing*, 1953, p. 231.
26. Alice Bailey, *Initiation, Human and Solar*, 1951, p. 35.
27. Alice Bailey, *The Rays and the Initiations*, p. 554.
28. Alice Bailey, *Discipleship in the New Age, Vol. II*, p. 166.
29. Alice Bailey, *Ibid.*, pp. 171-72.
30. Alice Bailey, *The Rays and the Initiations*, p. 212.
31. Alice Bailey, *The Unfinished Autobiography*, 1951, pp. 35-6.
32. *Ibid.*, pp. 162-63.
33. *Ibid.*, p. 164.
34. *Ibid.*, p. 299.
35. Alice Bailey, *The Rays and the Initiations*, p. 255.
36. Alice Bailey, *Esoteric Psychology, Vol. I*, p. 300.
37. Alice Bailey, *A Treatise on White Magic*, p. 203.
38. Alice Bailey, *Esoteric Psychology, Vol. II*, p. 210.
39. Alice Bailey, *The Destiny of the Nations*, 1949, p. 45.
40. Alice Bailey, *Esoteric Healing*, p. 319.
41. *Ibid*, p. 230.
42. Alice Bailey, *A Treatise on White Magic*, pp. 499-500.
43. Alice Bailey, *Ibid*, p. 505.
44. Alice Bailey, *The Destiny of the Nations*, p. 3-4.
45. *Ibid.*, p. 145.
46. Alice Bailey, *Discipleship in the New Age, Vol. I*, 1944, pp. 315, 350.
47. Alice Bailey, *A Treatise on White Magic*, p. 112.
48. Alice Bailey, *The Destiny of the Nations*, p. 39.
49. Alice Bailey, *Discipleship in the New Age, Vol. I*, p. 38.
50. Alice Bailey, *Esoteric Psychology, Vol. I*, p. 207.
51. *Ibid*, p. 209.
52. Alice Bailey, *A Treatise on Esoteric Astrology*, 1951, p. 5.
53. Alice Bailey, *Discipleship in the New Age, Vol. I*, pp. 583-84.
54. Alice Bailey, *The Rays and the Initiations*, p. 352.

55. Alice Bailey, *Glamour: A World Problem*, 1953, pp. 69-70.

56. Alice Bailey, *Esoteric Psychology, Vol. I*, pp. 201-10.

57. Alice Bailey, *Esoteric Psychology, Vol. II*, p. 155.

58. Alice Bailey, *Letters on Occult Meditation*, 1950, p. 338-39.

59. Alice Bailey, *Discipleship in the New Age, Vol. I*, p. 95.

60. Alice Bailey, *Ibid*, p. 77.

61. Alice Bailey, *Glamour: A World Problem*, p. 45.

62. Alice Bailey, *Destiny of the Nations*, p. 29.

63. Ver *Destiny of the Nations*.

64. Alice Bailey, *Destiny of the Nations*, p. 29.

65. Alice Bailey, *Discipleship in the New Age, Vol. II*, pp. 425-26.

66. Alice Bailey, *Destiny of the Nations*, p. 33.

67. Alice Bailey, *Discipleship in the New Age, Vol. I*, p. 6.

68. Alice Bailey, *The Externalisation of the Hierarchy*, p. 335.

69. Alice Bailey, *Esoteric Astrology*, p. 235.

70. Alice Bailey, *Esoteric Psychology, Vol. I*, p. 306.

71. Alice Bailey, *Ibid*, pp. 306-07.

72. Alice Bailey, *Ibid*, p. 298-99.

73. Alice Bailey, *A Treatise on White Magic*, p. 132.

74. Alice Bailey, *The Rays and the Initiations*, p. 286.

75. Alice Bailey, *A Treatise on White Magic*, p. 909.

76. Alice Bailey, *The Rays and the Initiations*, p. 552.

77. Alice Bailey, *Esoteric Psychology, Vol. I*, p. 26.

78. Alice Bailey, *The Light of the Soul*, 1955, p. xv.

79. *Bhagavad Gita*, VI, pp. 16-7.

80. Alice Bailey, *Discipleship in the New Age, Vol. II*, p. 768.

81. Alice Bailey, *Glamour: A World Problem*, 1950, p. 232.

82. Alice Bailey, *Esoteric Psychology, Vol. II*, 1942, p. 122.

83. Alice Bailey, *Esoteric Psychology, Vol. II*, pp. 128-29.

84. Alice Bailey, *Discipleship in the New Age, Vol. I*, p. 726.

85. Alice Bailey, *The Reappearance of the Christ*, pp. 166-71.

86. Alice Bailey, *Esoteric Psychology, Vol. II*, p. 132.

87. Alice Bailey, *A Treatise on White Magic*, pp. 319-21.

88. Alice Bailey, *The Rays and the Initiations*, p. 95.

89. Alice Bailey, *Discipleship in the New Age, Vol. II*, p. 168.

90. *Ibid.*, p. 157.

91. Alice Bailey, *The Rays and the Initiations*, p. 759.

92. *Ibid.*, pp. 250-51.

93. Alice Bailey, Ver *A Treatise on White Magic*, 1951, p. 93 e *Esoteric Astrology*, p. 13.

94. Alice Bailey, *Esoteric Psychology, Vol. II*, pp. 686-87.

95. Alice Bailey, *Discipleship in the New Age, Vol. I*, p. 642.

96. Alice Bailey, *Esoteric Psychology, Vol. II*, p. 693.

97. Extraído de um livreto, "The Wesak Festival," oferecido pela Lucis Trust.

98. Alice Bailey, *Discipleship in the New Age, Vol. I*, p. 629.

99. Alice Bailey, *The Externalisation of the Hierarchy*, p. 25.

100. *Ibid.*, p. 352.

101. Alice Bailey, *The Rays and the Initiations*, p. 88.

102. Alice Bailey, *The Externalisation of the Hierarchy*, p. 480.

103. Alice Bailey, *The Rays and the Initiations*, p. 760.

104. Alice Bailey, *The Externalisation of the Hierarchy*, pp. 226-27.

105. Alice Bailey, *A Treatise on White Magic*, p. 194.

106. Alice Bailey, *Esoteric Psychology, Vol. II*, p. 539.

107. Alice Bailey, *Initiation, Human and Solar*, p. 198.

108. Alice Bailey, *Discipleship in the New Age, Vol. I*, p. 644.

109. Alice Bailey, *The Externalisation of the Hierarchy*, p. 516.

110. Ver *Esoteric Healing*, pp. 103-05.

111. Alice Bailey, *A Treatise on White Magic*, p. 182.

112. Alice Bailey, *Discipleship in the New Age, Vol. II*, p. 172.

113. Alice Bailey, *Discipleship in the New Age, Vol. I*, pp. 77-8.

114. Alice Bailey, *Letters on Occult Meditation*, pp. 268-69.

115. Alice Bailey, *The Rays and the Initiations*, p. 4.

116. Alice Bailey, *The Reappearance of the Christ*, p. 86.

117. Alice Bailey, *Esoteric Psychology, Vol. I*, p. xviii.

118. Alice Bailey, *The Rays and the Initiations*, p. 569.

119. Alice Bailey, *A Treatise on White Magic*, p. 62.

120. Alice Bailey, *The Rays and the Initiations*, p. 674.

121. Alice Bailey, *Discipleship in the New Age, Vol. I*, pp. 538-39.

122. *Ibid.*, p. 691.

123. *Ibid.*, pp. 115-16.

124. *Ibid.*, p. 695.

125. *Ibid.*, p. 704.

126. *Ibid.*, p. 123.

127. H. P. Blavatsky, *Studies in Occultism*, Theosophical University Press.

128. Mary Bailey foi a terceira presidente do Lucis Trust e a segunda esposa de Foster Bailey.

129. Alice Bailey, *The Rays and the Initiations*, p. 213.

130. Alice Bailey, *Discipleship in the New Age, Vol. II*, pp. 225-27.

131. Alice Bailey, *The Externalisation of the Hierarchy*, pp. 27-8.

132. Alice Bailey, *The Externalisation of the Hierarchy*, p. 616.

133. Alice Bailey, *The Rays and the Initiations*, p. 615.

134. *Ibid.*

135. *Ibid.*, p. 697; ver também *A Treatise on White Magic*, nota de rodapé, p. 761.

136. Alice Bailey, *The Reappearance of the Christ*, p. 45.

137. Alice Bailey, *Initiation, Human and Solar*, p. 44.

138. *Ibid.*, p. 701.

139. Alice Bailey, *Esoteric Astrology*, pp. 653-54.

140. Alice Bailey, *A Treatise on White Magic*, p. 261.

141. Alice Bailey, *Discipleship in the New Age, Vol. II*, pp. 226-28.

142. *Ibid.*, pp. 228-31.

143. Alice Bailey, *Glamour: A World Problem*, p. 198.

144. Alice Bailey, *The Rays and the Initiations*, p. 756.

145. Alice Bailey, *Telepathy and the Etheric Vehicle*, p. 197.

146. Alice Bailey, *Discipleship in the New Age, Vol. I*, p. 790.

147. Alice Bailey, *Discipleship in the New Age, Vol. II*, pp. 723-24.

148. Alice Bailey, *Discipleship in the New Age, Vol. I*, pp. 583-84.

LEITURAS SUGERIDAS

AGNI YOGA
    Agni Yoga
    AUM
    Brotherhood
    Infinity I, II
    Hierarchy
    Heart
    Fiery World I, II & III
    Leaves of Morya's Garden I, II
    New Era Community
    Supermundane I, II, III & IV

ARMSTRONG, Karen
    The Battle for God
    Buddha
    A History of God
    Muhammad: A Prophet for Our Time
    Visions of God

AVALON, Arthur
    The Serpent Power

BAILEY, Alice
    The Consciousness of the Atom
    The Destiny of the Nations

Discipleship in the New Age, Vols. I & II
The Externalisation of the Hierarchy
From Bethlehem to Calvary
From Intellect to Intuition
Glamour: A World Problem
Initiation, Human & Solar
Letters on Occult Meditation
The Labours of Hercules
The Light of the Soul
The Reappearance of the Christ
The Soul and its Mechanism
Telepathy and the Etheric Vehicle
A Treatise on Cosmic Fire
A Treatise on the Seven Rays:
   Vol. I, Esoteric Psychology
   Vol. II, Esoteric Psychology
   Vol III, Esoteric Astrology
   Vol. IV, Esoteric Healing
   Vol. V, The Rays and the Initiations
A Treatise on White Magic
The Unfinished Autobiography

COMPILAÇÕES DOS TEXTOS MENCIONADOS ACIMA
Animal Kingdom: A Spiritual Perspective
A Compilation on Sex
Death: the Great Adventure
Ponder on This
Serving Humanity
The Seventh Ray: Revealer of the New Age

BAILEY, Foster
   Reflections
   The Spirit of Masonry

BAILEY, Mary
   A Learning Experience

BESANT, Annie
Avataras
Occult Chemistry
A Study in Consciousness

BLAVATSKY, Helena P.
Isis Unveiled [*Ísis Sem Véu*, publicado pela Editora Pensamento, São Paulo, em III Vols., 1991.]
The Secret Doctrine [*A Doutrina Secreta*, publicado pela Editora Pensamento, São Paulo, em VI Vols., 1980.]
The Theosophical Glossary
The Voice of the Silence [*A Voz do Silêncio*, publicado pela Editora Pensamento, São Paulo, 1976.]

COLLINS, Mabel
Light on the Path

COSGROVE, Eugene
The High Walk of Discipleship
Letter to a Disciple
The Science of the Initiates

GOVINDA, Lama
Buddhist Reflections
The Way of the White Clouds

HEINDEL, Max
Rosicrucian Cosmo-Conception

HUMPRHEYS, Christmas
Buddhism
Studies in the Middle Way

JOHNSTON, Charles
The Bhagavad Gita
The Yoga Sutras of Patanjali

LINDSAY, Phillip
Destiny of the Races and Nations
The Hidden History of Humanity
Soul Cycles of the Seven Rays

NASH, John
Quest for the Soul
The Soul and Its Destiny

NIHLEN, Niklas
Islands of Celestial Waters
Ver também CosmoCycles1 (um grupo do Yahoo)

ROERICH, Helena
Foundations of Buddhism
Letters of Helena Roerich, Vols. I & II

ROBBINS, Michael
The Tapestry of the Gods, Vols. 1 & 2
www.makara.us

SCOTT, Cyril
The Greater Awareness
The Initiate
Music, Its Secret Influence Throughout the Ages

WOOD, Ernest
Concentration; An Approach to Meditation
The Seven Rays

YOGANANDA, Paramahansa
The Autobiography of a Yogi

YUKTESWAR, Sri
The Holy Science